トイレ休憩で株してたら月収50万円になった件

ぱる出版

プロローグ

みなさんごめんなさい。最初に謝っておきます。

僕は孫正義やホリエモンのようなビジネスの天才ではなく、ウォーレンバフェットのような投資の神様でもありません。

「1日3分間だけトイレにこもって、あることをしているだけの男です。」

でも、この3分で僕の人生が変わりました。そのすべてをこの本に詰め込みました。

この一冊を、3年前の僕と、この本を手に取ってくださったみなさんに送ります。

実は、当時年収340万円の新入社員であった僕は、ヒルズ族に憧れていました。そう、あの頃テレビでもてはやされていた誰もが夢見る自由で裕福な生活です。

僕はとりあえず200万円を投じて、ヒルズ族の一人に弟子入りをしてネットビジネスを始めました。テレビに出演しているような有名な方と会えただけで成功を掴んだ、それだけで1億円を手に入れたような気がして有頂天になっていた僕ですが・・・すぐに世の中そんなに甘くはないということを学びました。清水の舞台から飛び降りる気持ちで200万円も、200万円も！使ったのに、結局は

1億円どころか〝1円も稼げずに〟終わってしまいました。

今思うととても勉強になる良い経験でしたが、社会に出たばかりでビジネスのビの字も知らなかった当時の僕には「絶望」を感じさせるあまりにも辛い経験でした。

でも僕にはどうしても諦められない理由がありました。実家は製本業を営んでおり、多額の借金を抱えながらも3人の子どもを育ててくれた両親をなんとかして助けたい

という一心でした。

小さい頃から何不自由なく両親に育ててもらいました。妹と弟もいたため、母親は本業とは別に新聞配達の仕事をしたりして家庭を支えてくれました。

父親から、自殺を考えて生命保険でなんとかしようと思うという話を聞いた時は涙が止まりませんでした。そんな状況にもかかわらず、僕が何かをチャレンジしようと決めた時にはいつも背中を押してくれました。だから僕はどんなことがあろうとも絶対に諦められなかったのです。

新卒で入社した会社は1年8ヶ月で辞めて、そこからヒルズ族を目指しましたが絶望を味わい、3ヶ月ほどニートを経験した後、第二新卒として再就職しました。しかしながら、年収は頭打ちで経済的な不安は払拭されることはありませんでした。その後も現状をなんとかして変えるために情報収集は続けていましたが、これといってピンとくるものはありませんでした。ネットには簡単に誰でも稼げるとうたった商材などが数多くありますが、実際にはそんな甘い話はないのです。以前の絶望した経験があったので臆病になりながらも、それでも諦めることなく行動し続けました。

そんな日々が3ヶ月続いた頃、ついに僕の人生を変えた1冊の本に出会いました。タイトルは、「年収350万円のサラリーマンから1億円になった小林さんのお金の増やし方」という書籍です。この時の衝撃は今でも忘れられませんし、直感でこれは運命だと確信しました

当時の僕の年収と近かったことに勝手に親近感を覚えて、この著者の人に会って話を聞いてみたい！と藁にもすがる思いでした。出版もされている方だし安心できそうな方だと思ってFacebookでメッセージを送ったのが僕の副業（株式投資人生）の始まりでした。その人は僕に色々と親身に相談に乗ってくれただけではなく、人生において大切なことをたくさん教えてくれました。

「どうやったら成功できますか？」

という僕の雑な質問に対しても真摯に向き合って丁寧に答えてくださったのが印象

的でした。

「目の前のタスクをコツコツやっていき、それを継続するだけで毎年人生が変わる。林くんにも実現できるよ」

と言ってくれました。

その言葉は、絶望の淵にいた僕に勇気を与えてくれたのです。

今ある本業を大事にしながら、他で収入の柱をつくっていく必要性を学び、その中で現役の億トレーダーである山下けいさんを紹介していただいたのです。

ただ、僕は昔から株で儲けるなんて・・・と懐疑的で、正直ギャンブルだと思っていました。一部の才能がある人しか成功できないのではないかと決めつけていましたが、「チャレンジし諦めなかったからここまで来たんだ。小林さんの言葉を信じてみよう！」と思って彼の話を聞きに行きました。すると株式投資に対する価値観や考え方が180度ガラッと変わったのです。何か始めないとこのままでは現状と何も変わらないと思ったので、サラリーマンを続けながら株を勉強することを決意しました。

もちろん、株の知識や経験は全くなくゼロからのスタートとなったわけですが、山下さんの講義はとても分かり易く、周囲でも結果を出している生徒さんが多かったので刺激を受けていました。

株の勉強を開始してから6ヶ月が経過し、みずほ銀行にある50万円を引き出して、初めて証券口座を開設し恐る恐るトレードを開始していきました。そこから、1年6ヶ月で50万円を6倍にし、ひと月に50万円もの収益を株式トレードだけで獲得できるまでになりました。

6ヶ月前の平凡なサラリーマンだった僕には考えられない世界でした。普通のサラリーマンの給料で稼ごうと思ったらなかなか大変ですよね。世の中には株のトレーダーは沢山いますが、山下さんのトレードスタイルは副業向きでサラリーマンで忙しい僕にはピッタリでした。沢山の人がイメージするような、パソコンやモニターに張り付くトレードではなく、トレードに使う時間は1日に数分なのです。1日中パソコンの画面に張り付いて株価の値動きを気にすることもありませんし、1日に何回も株の売買をすることもありません。

〝トイレトレーダー〟になっていきました。

株価をチェックするのは1日1回。日本の株式市場が閉まる午後2時30分から3時までの間で売り買いを判断します。その時間わずか3分なので、よくトイレ休憩の合間に買ったり売ったりしています。僕がしたことといえば、スマホの画面で売り買いをクリックしただけなのです。

そして一番お伝えしたいのは僕が特別だから結果が出るということではないということです。僕は未経験から始まりコツコツと勉強を積み重ねてきましたし、時間がまりかからないトレードだということです。みなさんにとってもたった一度身につけてしまえば、一生モノの財産やスキルとなることは間違いありません。

本書は、僕と同じような境遇の方や、家族や大切な人を幸せにしたい方に是非とも読んでいただきたい本です。また、株式投資を全くやったことのない初心者の方や仕事を頑張る全国の働く方に勇気を与えたいとも思っています。世の中には用語解説やテクニックばかりを伝える本がたくさんありますが、それだけではなかなか勝てないのが実状です。ですので、この本を通して山下さんが僕に教えてくれた再現性の高い株式トレードについてテクニックと思考の両面で理解していただき、本業の収入にプラスしてあと数万、数十万円の副業収入を手にして欲しいと思っています。

本業の収入とは別に株式での収入が増えることによって、苦労をかけた両親に初めての海外旅行をプレゼントしたり、奥さんを結婚記念日にリッツカールトンのディナーに連れて行ってあげたり、子どもの英会話スクールやピアノ教室にも自由に通わせてあげられますよね。

人生を選べるようになるために！

収入の柱を増やし経済的な自由はもちろん、精神的な自由も手にすることが、大切な人を守れる人間になるためには重要です。まずはほんの小さな1歩を踏み出してみてください。その小さな1歩が次第に大きな結果を生み出していき、みなさんの自信に変わっていきます。

才能も人脈もコネもない平凡な僕が成功を掴んでいく過程をお見せし、誰でも正しい方向で正しい努力をすれば成長して成功に近づくことができるイメージを持ってもらえたらと思っています。このことを真っ先に伝えたいのは3年前の自分です。そして同じように人生を好転させたいと思っている読者のみなさんにもお伝えしたいと考え、この書籍を執筆させていただくことになりました。じっくりお読みいただき、あなたの人生を変えてくださいね。

林 僚

第1章　23歳で早くも自己破産確定⁉

第2章　トイレ休憩のたびに資産が増える!?
僕にもできた1日3分投資

第3章 大切なことはすべてチャートが教えてくれる！——億トレーダーから学んだ8つの教え

第4章 明日から使えるテクニック大公開!

第5章 テクニック実践編

第6章 番外編

第1章

23歳で早くも自己破産確定!?

破滅へのカウントダウン

――就職、実家の借金の話

2014年22歳、大学卒業後、友人たちが就活を終えて将来が約束されたかのように大手企業での仕事に邁進する中、僕は一人絶望にうちひしがれるかのような顔をしていました。

それは、22歳の僕にはあまりにも重すぎる事実でした。

「これまで言わなかったが、家には多額の借金があってそれを返すのに死に物狂いなんだ…」

社会人になりたてのある日の夜、父親から突然呼び出されました。普段からあまり細かいことを言わない父親が急にかしこまっていたので、僕は緊張感が走り、すぐに「これはただ事ではないだろうな」と直感しました。

父親は僕に淡々と語りました。印刷業を取り巻く環境が厳しくペーパーレス化が進んできたのもあってか、取引していた得意先3つの印刷会社が次々に潰れていったこと、機械のオペレーションができる社員が三人ともいなくなってしまい父親と母親の二人で仕事を切り盛りしないといけなくなったこと、父親が一人必死に売り上げを立て直そうと新規顧客開拓に向けてハガキやチラシを作成して営業まわりをしていたこと、最後は生命保険で命を賭ける覚悟まで決めていたこと。

そんな話を急にされても、僕には解決方法も分からなければ、どうしたら良いかも分からず、ただただ涙が溢れるばかりでした。長男だったこともあり、家業を継いで助けになれればとも考えましたが、それよりは外で勤めた方が給料もそれなりに貰えて力になれると考えたので、就職活動を決意しました。大学3年時には、就活塾にも通うことを決めていましたが、母はあえて何も言わずにその塾の入学金30万円を振り込んでくれました。良い会社に入って恩返しをすることしか僕の頭にはありませんでした。良い大学を卒業して、大手企業に勤めることができれば、それで家族も救えて人生は幸せになれると信じていたんです。

現状をなんとか乗り越えるため、家計を助けるために父親は深夜や土日もバイトをしてくれていましたし、母親も本業とは別に深夜2時に起きては毎日休むことなく新聞配達をしてくれていました、僕はそんな二人の姿をずっと見てきていました。

大学も奨学金でなんとか通わせてもらいました。高校生の頃に、当時の家の状況など知らないで「予備校に通わせてくれ」とか、「国立は無理だから私立に行かせて欲しい」などと言っていたことは今となっては後悔しかありません。

僕を含め兄弟3人が、家がまさかそんな危機的状況だということを感じられないくらい、両親は何不自由なく育ててくれました。何もできない自分の無力さが情けなく悔しかったです。両親には感謝してもしきれない特別な想いがありました。

父親の話を聞いてからは特に、通勤や勤務中、食事や就寝時など一瞬たりとも家のことが頭から離れたことはなく、常に自分には何ができるのか、どうしたら良いかを四六時中ずっと考えていました。そんなある日の夜、一つの魅力的な広告が目に飛び込んできたんです。

「年収2億円のヒルズ族、一番弟子募集！」

自分の人生の最期、意味のあるものであったとか、後悔のない人生であったと想いたい。変わりたい、変われるだろうか、そう一心に想いながら迷わずに飛び込みました。

もう、ヒルズ族になるしかない！
——200万円の投資で失敗

２０１５年９月、Ｆａｃｅｂｏｏｋでその方の弟子募集広告を見てからすぐに申し込みましたが、既に締め切られていました。しかしせっかく目の前に現れたチャンスを逃すわけにはいかないと、最初はためらいましたが勇気を持って直接本人にダイレクトメッセージを送ることにしたのです。しかし、彼から一向に返事がない日が続きました。それでも何通も、何通もこちらから一方通行でメッセージを送り続けました。そうしたら熱意が伝わったのか、ある日、本人から返事が返ってきたんです！

「あなたの熱意が本気なら、弟子になるための挑戦をしませんか？」

と。僕の答えは即決でYesでした。まだ何も成功もしていないのに、まるで宝くじにでも当たったかのように有頂天な気持ちになっていた自分がいました。

その日からは一番弟子になることだけを考えてあらゆることに挑戦し続けました。競争率も高いことは知っていましたが、「これだけは他の誰にも譲れない」そう心に決めて昼夜問わず全力で行動をし続ける毎日が続きました。まずは彼に気に入ってもらうために、発信しているありとあらゆる媒体（Twitter、Facebook、YouTubeなど）を調べました。毎日、深夜の3時4時になることは当たり前で、会社も何度か遅刻したり嘘をついて欠勤したり、人付き合いも極端に減らして、会社の飲み会にも行かなかったり、勤務中に居眠りをしたり、そんな有様でした。普通に考えたらおかしいと思われますよね。けれども、凡人である僕は他の人よりも努力しないと絶対にこの競争に勝てないと分かっていたので、そのくらいしないといけないと覚悟を決めて一番弟子になることだけを最優先に考えて行動を続けたんです。

自分の人生、主人公は自分なのです！

何をするにも「これをしたらまわりからどう思われるだろう？」と不安になってしまう。そんな悩みをお持ちの人もいるかもしれません。気にしたくないのに、どうしても気になってしまうのが他人の目。しかし、人の目を気にして自分の行動に制約がかかってしまうのはとてももったいないです。この考え方は今でも大切にしています。

約１０００人を超える募集の中、今回、弟子になれるのはたった一人だけ。確率でいうと０・００１％でしたが、誰にも負けない自信がありました。彼のリリースしているＣＤの曲を丸暗記して選考で歌ったり、時間をつくっては彼に直接会って話をしたり、深夜でもやり取りをして課題を人よりも多くこなしていきました。短い期間でこれだけやってきたのだからと、自分に言い聞かせていました。

そして最終選考を終えて、運命の結果発表を迎えました…

結果は、並み居る多くの人たちを抑えて見事合格！
僕を一番弟子に選んでもらいました。

心の底から、やったぁーー!!とガッツポーズを取りました。
これまでの努力が報われた気がしたと同時に、これで家族を助けてあげられるかもしれないと安堵の気持ちでいっぱいになりました。その方のコンサルティング費用は２００万円でした。高額なのでビビりましたが、一番弟子になれたわけですから思い切って振り込みました。

早速、師匠からのアドバイスでプロフィール写真を撮影しました。その時の写真がこちらです。

…。今見ると、かなりイタいですよね(笑)

話を戻して、それからは彼の一番弟子としてタスクをコツコツと継続して行っていきます。一緒に行動を共にすることが多かったので、これまでの人生で行ったこともないようなラグジュアリーなホテルラウンジでの打ち合わせや高級レストランでの食事、そのどれもすべてがテレビで憧れていた生活でした。

僕もビジネスを頑張って、早くこのステージに上がりたいと胸を躍らせていました。

しかし、順風満帆にいくと思っていたはずが、だんだんと雲行きが怪しくなっていきました。

毎日の睡眠時間は平均して3〜4時間くらい、曜日や時間の感覚もだんだんと分からなくなっていきました。こんな生活が3〜4ヶ月も続くと、睡眠不足や栄養失調に陥り、朦朧としながら毎日を過ごしていました。自分では大丈夫と思っていても、周りからは様子がおかしくなったとか、心配される声が増えていったのです。師匠のアドバイス通りに行動しても1円の収入にもならず、ついには隠していた会社にも私がやっていることがバレてしまい、人事や上司から呼び出しにあってしまったのです。案の定、会社は退職せざるをえない状況に陥ってしまいました。さらには、弟子としての活動も失敗続きで上手くいかなくなってきてしまったのです。

このままだと本当にやばい…

だんだんと将来に対する不安の気持ちの方が大きくなっていきました。最初から成功を掴んだと勝手に思い込んでいましたが、間もなくして自分がいかに浅はかであったか、気づかされました。そう簡単にお金を稼ぐことはできず、やがて貯金も底をつき、体調を崩して彼女や周囲からのストップがかかってしまったことも重なり、弟子を辞めざるを得ない状況になってしまいました。あれだけ苦労して手に入れた弟子の座を自分のせいで手放すことになり、ヒルズ族への道もあっけない幕切れに終わってしまいました。２００万円の投資は大失敗となってしまいました（涙）。

絶望の淵に立たされた無職で無一文の僕は、家族に顔向けすることができませんでした。

「なんて情けないんだ…やっぱり所詮、凡人の僕なんかにはどうすることもできないんだ…」

と悟りました。もうだめだ。心の糸が切れかけそうになりましたが、その時、家族の顔が頭に浮かびました。自分なんかよりも両親の方が何百倍も努力と苦労をしている。危機的状況にもかかわらず足を止めずに懸命に働く姿を側で見ていたら、ここで立ち止まっている訳にはいかないと思えました。やはり何があっても諦める訳にはいかない、その頃から死なない限りは何もリスクではないと思うようになっていきました。

結局、僕は凡人だった

――サラリーマンに逆戻り

一度はヒルズ族に片手が引っかかりはしたものの、結局そこから一気に墜落してしまいました。こうなると選択肢としては、会社員に戻ること以外頭に思い浮かびませんでした。なぜなら、自分の管理ができなければ、誰かに管理してもらうしか方法がないからです。会社員であれば、何時にどこに行き、何をするべきか、いくら給料がもらえるのか、すべて管理されます。ある程度決まった休みも確保されて税金まで管理してくれる、やっぱり会社という環境に身を置くことで安心や安定に繋がると思いました。求人サイトで第二新卒枠を探してエントリーし、転職活動が始まりました。

転職エージェントにも相談をして、前職より高い年収を希望してエントリー用紙と職務経歴書を提出していきましたが、結果は連敗につぐ連敗続きでした。

過去の失敗経験もまだ癒えていない中、チャレンジが失敗すると「自分ってダメだなぁ」とひどく落ち込み、外にはあまり出ずに家に引きこもるようになっていきました。

そんなある日、意気消沈していた僕に優しく声を掛けてくれたのは母親でした。

「次の会社が決まるまでうちの仕事を手伝ってみたら?」

それから1ヶ月ほどアルバイトとして仕事を手伝っていましたが、両親はこれまでの失敗経験や転職活動について気を遣ってくれたのもあって、あえて何も言わないでいてくれていました。

このまま就職せずに実家を継ぐことも考えていましたが、それよりは外で働いた方が結果的に収入も増えるし助けになるのではないかと思っていました。今思えば父親は僕に家の仕事を継いでも大丈夫なように色々と考えてくれていたのだと思います。そんな気持ちを想い、絶対に結果を出すまでは諦めずに挑戦を続けようと決意しました。

自分の将来が定まらないまま日は過ぎていくわけですが、そんな時に一本の電話が鳴りました。エントリーした会社の書類選考が通過した連絡でした。そこから順調に選考が進み、なんとか内定をいただいて働くことになったのです。

しかしながら、その会社で働くだけでは実家の問題を解決するための抜本的な解決にはなりませんでした。二社目の年収は３６０万円ほどであったため、経済的な呪縛からは逃れることはできなかったのです。転職はできたのですが、どこかぽっかり心に穴が空いた気持ちは埋まりませんでした。

僕は仕事を続けながら、何かないか、何かないかと次なる一手を探していました。しかし、インターネットには誰でも簡単に稼げます的な情報商材や怪しげなスクールばかりでしたので、もう同じ失敗は絶対にできないと、僕はとても慎重になっていました。

そんなある日、会社の昼休みにいつものようにネットサーフィンをしていたところ、ある一冊の本に運命的な出会いをしました。この本が今後の僕の人生を大きく変えることになろうとはその時は知る由もありませんでした。

失敗続きの僕にたった一つだけ残った成功体験
——小林さんとの出会い、副業人生のスタート

その本は小林さんという方が書いた本でした。僕の当時の年収と本のタイトルに記載されていた年収が近かったこともあり、勝手に親近感を覚えました。気がつくと本を購入していてあっという間に読みきってしまい、すぐにこの著者の人に直接お会いしたい！と思いました。サラリーマンとして働きながら様々な副業を実践していき、本業以外に収入の柱をどんどん作っていくことの大切さなどが書かれていました。

サラリーマンをしながら副業で収入をさらに増やす…

「これだー!!」

これなら凡人の僕にもできるかも知れないと確信しました。

しかし、ここで僕の過去の失敗が頭を過ぎります。「ヒルズ族」になり損ねたあの経験が…。

本人に出会ったとしても高いコンサル料を請求されてしまうのではないか、投資の詐欺案件に引っかかってしまうのではないかと、不安な気持ちに駆られていました。しかし、本も出版されている方で信頼できそうだと感じたので、やはり会ってみたいと思いました。むしろここで何もせずに諦めてしまっては、また普通のサラリーマン生活に逆戻り。長いようで短い人生、せっかく訪れたチャンスを逃したくないという思いの方が強かったので、勇気を持って彼に会いに行きました。

案内されたのは都内の高級タワーマンション。こんなマンションに住める人が世の中にいるのか？ どうやったら住めるようになるのだろうか？ と、ただただ不思議な思いでした。普通のサラリーマンが高級タワーマンションに住めるようになる、その秘密は誰もが知りたいのではないでしょうか。

高鳴る緊張を抑えつつ、約束の時間になり、ついに彼と面会することができたのです。彼と話す中で、自分のこれまでの人生のこと、これからどうしていったら良いのかなどすべてを相談してみました。僕の話を真剣にそして親身になって聞いてくださり、一通り聞き終えると丁寧にアドバイスをしてくれました。

「今の本業での収入を大事にしながら、副業をしていくつも収入の柱をつくっていきましょう！」

実際に年収350万円のサラリーマンから一億円まで稼いだ方からそう言ってもらえたので、こんな自分でもやってやれないことはない！と鼓舞して頑張ろうと決意をしたのです。

とはいえ最初は不安な気持ちの方が大きかったです。しかし、「林くんも同じように努力すれば成功できますよ！」と言っていただいたおかげで、最初の一歩を踏み出す勇気が湧いてきて、その日から副業に全力投球することになりました。こうして僕の副業人生がスタートしていったのです。

平日は朝の9時から18時まで会社で仕事をして、その後の時間でまずは時給1000円くらい得られる副業を実践しました。会社の給料とは別に月に5万円ほどの収入が増えていった時は、それはもう、とても嬉しかったです。

そんなある日のこと、今よりももっと収入を増やしていきたいと思っていたところに、またもチャンスがきたのです。以前から少し耳にはしていたのですが、株式投資で現役の億トレーダーがいて、なんとその方を小林さんが紹介してくれることになったのです。この出会いがまた、僕の人生を大きく変えるものになったのです。

よく、このようなことをおっしゃる方が多くいらっしゃいます。

「自分にはチャンスがなかなか来ない。」

「私、なんだかついてない。」

確かに、ここ最近ついてないなとか、なんであの人にはあんなチャンスがとか、そう思うことはあるかもしれません。しかし、何度失敗しても立ち上がって行動を継続できる人は、チャンスが向こうから自分に近づいてくるようになるのです。この現象はみなさん誰にでも起こり得ることです。

「常にポジティブ思考で、努力して行動している人ほどチャンスが来やすく、運も良い」

ポジティブ思考で、努力して行動している人というのは行動量が多く、情報に対する感度が高いので色々な情報がどんどん入ってきます。その中で、自分で取捨選択や決断をしてチャンスをものにしていくのです。

ついにたどり着いた、まさに僕のための副業
――株式投資との出会い

正直なところ、株式投資はギャンブルだと思っていました。株で勝てる人はほんの一握りで、9割の人が負けている世界であると知っていたので、凡人の僕なんかには株で収益を取っていくことは不可能だと思っていたからです。

当時、会社の上司や先輩も数多く株をやっていましたが、誰も成功している人は存在せず、むしろ塩漬けや含み損を抱えている人の方が圧倒的に多かった印象です。そういう訳で株は避けていたのですが、小林さんから紹介してもらった山下けいさんという現役億トレーダーの方の話を聞いて株式投資に対する価値観や概念が180度ガラッと変わり、これまでの偏見や誤解を解いてくれました。

彼が最初に言った言葉が今でも忘れられません。

「株式投資は訓練や勉強なしには、やらない方がいいです。けれども、しっかりと学ぶことであなたの人生にとって必ずプラスになります」

今まで逢ってきたヒルズ族の人達からは、お金はかんたんに稼げるといったことをよく耳にしていましたが、彼だけは真逆のことを言ったのです。

この言葉を受けてからは株に対する印象が変わり、しっかり勉強するようになっていきました。何事もそうですが、本番の前には必ず訓練や練習をしますよね？例えば、受験で志望校に合格したいという目標がある場合、予備校に通ったり、過去問を解いたり、模擬試験を受けたりして本番の試験を迎えます。スポーツの世界でも箱根駅伝や4年に1回のオリンピックなどの試合に向けて、アスリートは人一倍トレーニングを積んで挑戦します。

何がお伝えしたいかと言いますと、株式投資も受験やスポーツと同じように、本番の前に必ず訓練が必要だということです。

株はポピュラーなので、無料で証券口座を開設して手数料を払えば誰でも簡単に株の取引ができるようになります。しかしながら、株の世界で利益を取っていくというのはそう簡単なことではないのです。株で一儲けしたいなと安易な気持ちで向かうと、相場の世界では億トレーダーや海外の投資家やヘッジファンドなどが待ち構えていますので、素人が参入したところで勝てるはずもなく、あっという間に大切な資金をなくしてしまいます。

そうならないためにも、株で勝てるようになりたいと思うからには株の勉強や訓練をしなければならないのです。このことを多くの人が誤解してしまっていると感じます。一番怖いのは、勉強の過程をスキップして努力なしにトレードを始めてしまう人です。

もし株式投資（山下けいさん）と出会っていなかったら、今の自分は間違いなく存在しないでしょう。あの時、勇気を持って一歩を踏み出していなければ今頃も将来に不安を抱えたままのサラリーマン生活を送っていた可能性が非常に高いです。

第2章

トイレ休憩のたびに
資産が増える⁉
僕にもできた1日3分投資

トイレ休憩で時給50万円!?

株のトレーダーのイメージですが、どのような印象をお持ちでしょうか？　自宅のパソコンにモニターを複数台ならべたり、チャートにずっと張り付いているというイメージをお持ちの方も多いのではないでしょうか。

これも多くの人が持つ偏見や誤解の一つです。実はパソコン1台あれば十分で、スマホがあればいつどこにいてもトレードは可能です。何台もモニターを買うお金があれば、それを投資資金としてトレードに回した方がいいです。そんなことよりも、自分にあった投資スタイルを確立して、運用能力を高めていくほうがもっと大事です。

結論から申し上げると、僕のトレードスタイルはそんなに時間を使うことなくしっかりと利益を積み上げていける運用なのです。隙間時間でトレードできてしまうので、トイレ休憩やティータイム、お買い物のレジ待ちや洗濯物の合間に取引が完結してしまいます。日常の生活や本業に支障をきたしては本末転倒になってしまうので、1日3分でできる投資スタイルは本当に副業向きと言えます。

本業の仕事が忙しい人にとって、株式投資を始めたくても、まとまった時間を確保するのはなかなか難しいものと思われがちです。最初から時間を確保する前提で株式投資を始めてしまうと、いざ本業が繁忙期になると手が回らなくなり、続かなくなってしまうこともよくあります。そんな人には、今あるスキマ時間を活用することで無理なくスタートすることができて、より継続もしやすいトレードがオススメです。スマートフォン1台を使って1日の中にあるスキマ時間を活用した株式投資スタイルをご紹介します。

僕はある時間帯になると必ず行うルーティーンがあります。それは、14：30になるとトイレ休憩のふりをして株の取引を行うということです。

ある日、実際の運用で増やせた金額を時給換算してみたところ、株のトレードだけでなんと時給50万円を稼げていたのです。本業の仕事だけで稼ごうと思ったら結構大変ですよね、それが実現できるのも株式投資の魅力の一つだと思っています。

株式投資で収入を得られるようになってからは生活にゆとりが持てるようになっていきました。本業を続けながら無理なく取り組めるので、これまでの生活スタイルと大きく変わることなく月で得られる収入が2倍以上になっていきました。

僕が会社員時代に、決まった時間に席を立つものですから、周りからは不信がられていたか、体調が悪い人のレッテルを貼られていたことでしょう。気にもとめていなかったかもしれませんが、そんな周りの目は気にもせずに毎日トイレの個室に駆け込んでは3分だけポチポチとトレードをしてコツコツ利益を積み上げていっていました。

この1日3分が僕の人生を一変させました。これなら僕と同じく忙しいみなさんでも稼ぐことは十分可能です。ぜひ、無理のない範囲で時間を活用して、トライしてみてください。

本書を読まれた方が早速明日からトイレ休憩に行くことが多くなりそうでとても楽しみです（笑）

ゴールデンタイムはラスト30分！

日本株（東京市場）の取引時間は、平日の9：00〜11：30（前場）と、12：30〜15：00（後場）のそれぞれ2時間半、計5時間です。

9：00〜9：30の取引開始（寄付）直後から30分くらいが、1日の中で最も値動きの大きな時間帯となります。12：30〜13：00午後の取引開始直後も値動きが大きくなりやすい時間帯です。昼休み中に株価に影響を与えるようなことが起こった場合にはより大きく動きます。変動が大きい時間帯はなるべく避けて、株価が収束して落ち着く取引終了時間（引け）に注文を入れることが多く、引けのタイミングまで待ってからの売買が僕のトレードの基本です。午前中は株価が下がって、午後になって上がっていたといったことが結構あるので、株価が収束する時間帯を狙うため、というのが理由です。

もしかしたら、みなさんの周りにも勤務中に一喜一憂している人がいるかも知れま

せん（笑）

本当に大事な時間帯は

「14：30〜15：00のラスト30分です」

僕にとって14：30〜15：00の時間がまさにゴールデンタイムです。この時間になるとスマホ片手にトイレに駆け込み前日までに考察して準備していた銘柄の株価がどうなっているかをチェックします。そうして、取引できる条件が成立していたことを確認して買うか、売るかの注文を入れます。条件が成立してなければ「何もしない」で終了です。これまでにかかる時間はわずか3分。そうです、このルーティーンこそが1日3分投資の全貌です。会社では、14：30になると必ず離席してトイレに行く人になっていたので、きっと怪しまれていたことでしょう（笑）そんなことはお構いなくコツコツと資産を増やすことに成功していったのです。この経験を通して、資産が働いて得られる収入の大切さを学んでいきました。

▼コラム――収入の形態

みなさんは収入の形態についてしっかりと理解されていますでしょうか？

自分の人生を考える上で、このことについて考えることが非常に重要です。その魅力を活用した人生とそうでない人生では大きな差が出てきます。時間とお金の自由を手に入れるために、キャッシュフロー・クワドラントを使って説明していきます。

キャッシュフロー・クワドラントとは、アメリカの投資家で実業家としても知られるロバート・キヨサキ氏が自身の著書「金持ち父さん貧乏父さん」のなかで提唱したもので、お金の流れを4つの区分に分ける考え方です。

ちなみに、キャッシュフローは「お金の流れ」、クワドラントは「4等分」という意味です。

E employee **従業員**	**B** business owner **ビジネスオーナー**
S self-emplyed **自営業者**	**I** investor **投資家**

わたしたちの多くのは従業員か自営業です。「E（従業員）」と「S（自営業者）」は想像しやすいでしょう。ですが、「B（ビジネスオーナー）」と「I（投資家）」についてはイメージがわきにくいと思います。

「ビジネスオーナー」とは、自営業者が事業を立ち上げて自ら会社を運営していくのに対して、ビジネスオーナーは自分以外の優秀な人材に会社の運営をまかせているのです。「投資家」はベンチャー投資、不動産投資、金融市場への投資など、あなたがお金を投資することでお金を生む仕組みを作る、ということです。

向かって右側と左側で分けて考えられますが、

「E（従業員）」と「S（自営業者）」は当人が働いて得られる収入です。
「B（ビジネスオーナー）」と「I（投資家）」は資産が働いて得られる収入です。

株式投資は「I（投資家）」に該当し、資産が働いてくれます。

万が一、当人が病気や事故で働けなくなってしまった場合においてもスマホと株式投資の運用能力と運用資金さえあれば生活に困ることはなく、大切な家族を守っていけます。

このキャッシュフロー・クワドラントを常に意識しながら自分で選択していくことができるということが、資本主義社会に生きている我々の最大の特権であり、魅力です。この魅力を知って資産が働いてお金を生む仕組みをあなたも手に入れることができます。キャッシュフロー・クワドラントで重要なのは、自分がどのようになりたいかだと思います。自分が今、どこのクワドラントにいて、これからどこを目指していきたいのかを考えるきっかけにしてもらえればと思います。

専門用語や会社四季報は不要！

「株式投資って何だか難しそう」と多くの方から声をよく聞きます。恐らく専門用語の多さや企業分析をしなければいけない、などのイメージが頭の中にあるのではないでしょうか？　以前までの僕もそうでした。

〈答えはチャートにある〉

僕も最初、ローソク足って何？　移動平均線って何？　というレベルでした。当時、僕の周りでは株で成功している人はいなく、逆に損をしている人の方が圧倒的に多かったのもあり株は難しそうだなという先入観がありました。しかし実際に取り組んでみると最初にイメージしていたものとは全然違いました。企業の決算書を読み込んで、マーケットの情報収集をしたりすることはあまり必要ありません。結論を申し上げると、「**ローソク足**」と「**移動平均線**」から形成されるチャートと向き合うだけに専念すれば簡単です。このたった2つだけ覚えることができれば大丈夫です。チャートは過去を遡ることもできて、銘柄ごとに特徴を掴むことも傾向を知ることもできます。受験勉強で例えると、過去問や模試を解くようなイメージです。過去からヒントを得て、未来のトレードに活用していきます。まずはチャートの形を見て、今日という日から明日以降、株価が上がるか下がるかを予想していくので投資未経験の僕でも始めやすかったです。学校の成績では平均点しか取れない平凡な僕にもできたのですから、みなさんも訓練すれば株で利益を取っていけるようになっていきます。

〈会社四季報とは〉

国内の証券取引所に上場している全企業の最新情報を、季節ごとに提供してくれる「会社四季報」（東洋経済新報社刊）。業績や株価といった企業の過去の情報だけでなく、実際の取材をもとにした業績予報を提供している同誌は、2016（平成28）年に創刊80周年を迎えた今も、企業情報誌の分野でトップシェアを守り続けています。

「会社四季報」はその名前の通り、年に4回（3月・6月・9月・12月）発行され

7974 その他製品
にんてんどう
任天堂

【決算】3月　【設立】1947.11　【上場】1962.1
【特色】ゲーム機ハード、ソフトで総合首位。海外シェア高い。ドル建て資産多く期末為替で経常益変動
【連結事業】レジャー機器98、スマートデバイス・IP関連収入等1、トランプ・カルタ他0【海外】79　〈16・3〉

【転換期】期末に新型ゲーム機が貢献の一方、買い控えでＷｉｉＵ激減、３ＤＳ続落。ただスマホゲーム新作を下期複数投入。３ＤＳ大型ソフト『ポケモン』と好採算のフィギュア拡充で盛り返す。為替差損見込まず。
【新型ゲーム機】『ＮＸ』17年３月発売、対応ソフト充実化。スマホゲームは『どうぶつの森』等人気作展開。米国球団マリナーズ一部持分売却へ。売却益次第で経常益変動。

【本社】601-8501京都市南区上鳥羽鉾立町11-1　TEL075-662-9600
【東京支店】111-0053東京都台東区浅草橋5-21-5　【大阪支店】531-0074大阪市北区本庄東1-13-9　【工場】宇治TEL0774-21-3151
【従業員】〈16.3〉連5,064名単2,066名(37.9歳)[年]891万円
【証券】[上]東京[幹](主)野村(副)日興,みずほ[名]三井住友信[監]京都
【銀行】京都,三菱U,りそな
【仕入先】ミツミ電機,ホシデン,メガチップス
【販売先】JESNET,マックスゲームズ,アジオカ

出典：『会社四季報』（東洋経済新報社刊）

る企業情報誌です。各号の発行部数は約50万部で、企業情報誌の分野では8割近いシェアを常に維持しています。会社の財務分析、その企業の将来展望などを凝縮した本です。

会社四季報には、株式投資をする上で必要とされている情報がぎっしりと詰まっていますが、この情報を元にトレードをするとなると、３０００社以上ある中でいったいどの銘柄に投資をすべきなのかを1社1社分析していかなければなりません。これは日々お仕事などでお忙しいみなさんにとって骨が折れてしまうほど大変な作業だと思いますし、会社の情

報はどんどん変わっていってしまいます。その都度、研究を繰り返して分析するようでは膨大な時間がかかってしまいます。

初心者の方で特に注意していただきたいのが、会社の決算書や四季報を見て、決算の良い会社の株を買ってみるという投資手法です。まず最初にこの手法を検討する方が多いのですが、はっきり申し上げてこれは推奨しません。何故かというと、買ったはいいもののいつ利益確定をするかのゴールが決まっておらず、最終的にいい結果を得られないことが多いためです。買ってから売るまで、売ってから買い戻すまでが株式投資であるということを認識せずにこの投資手法をやってしまうと、まず勝つことはできません。

また、これは実際にご自身でいくつか銘柄をご覧いただくとご理解いただけるのですが、業績が良い会社の株価が必ず上がるのかというと、決してそうではないということも注意しなければいけません。逆も然りで、業績が悪い会社の株価がなぜか急上昇することも良くあります。

これらの理由から、決算書や四季報の情報のみで判断してトレードすることは絶対にやらないことを強くオススメします。

小資金からスタートできる
——複利10年で1億7000万円達成！

株で儲かった！と聞くとどんなことをイメージしますか？

「100万円儲かった！」

「買った株が20倍になった！」

このようなイメージをお持ちではないでしょうか？　でも、これは誤解です。誤解と言いますか、もちろんそういうトレードができる時もないことはないのですが、再現性が非常に低いのです。

よく、相場全体が下落して株価が割安になった局面は仕込みのチャンスで、底入れの時期を見計らって利益獲得のチャンスを狙い株価が10倍になる小型株、成長株、所謂「テンバガー（10倍株）」に手を出してしまいがちですが、これは危険です。投資をする際は時価総額を意識することが非常に重要なのです。詳しくは3章にて解説します。

仮に小型株や成長株で何倍にもなったという人がいたら、その人は次の3パターンの人間に該当すると思ってください。

①運のいい人　②未来から来た人　③天才

この3パターンに該当するなと思われた方は、小型株や成長株を狙ってトレードしてみてください。該当しないと思われた方は、絶対にやらないでください。

では、どういう目線で資産を増やしていけば良いかと言いますと、株式投資で大事なのは、現実や真実と向き合う能力なのです。

じゃあ、現実や真実って何？ となりますよね。僕が持っている答えを一つお伝えすると、

「株は買う人が多いと上がって、売る人が多いと下がる」

この目線がとても重要なのです。

そしてもう1つ重要なことが、

50万円を1ヶ月で52・5万円にする。

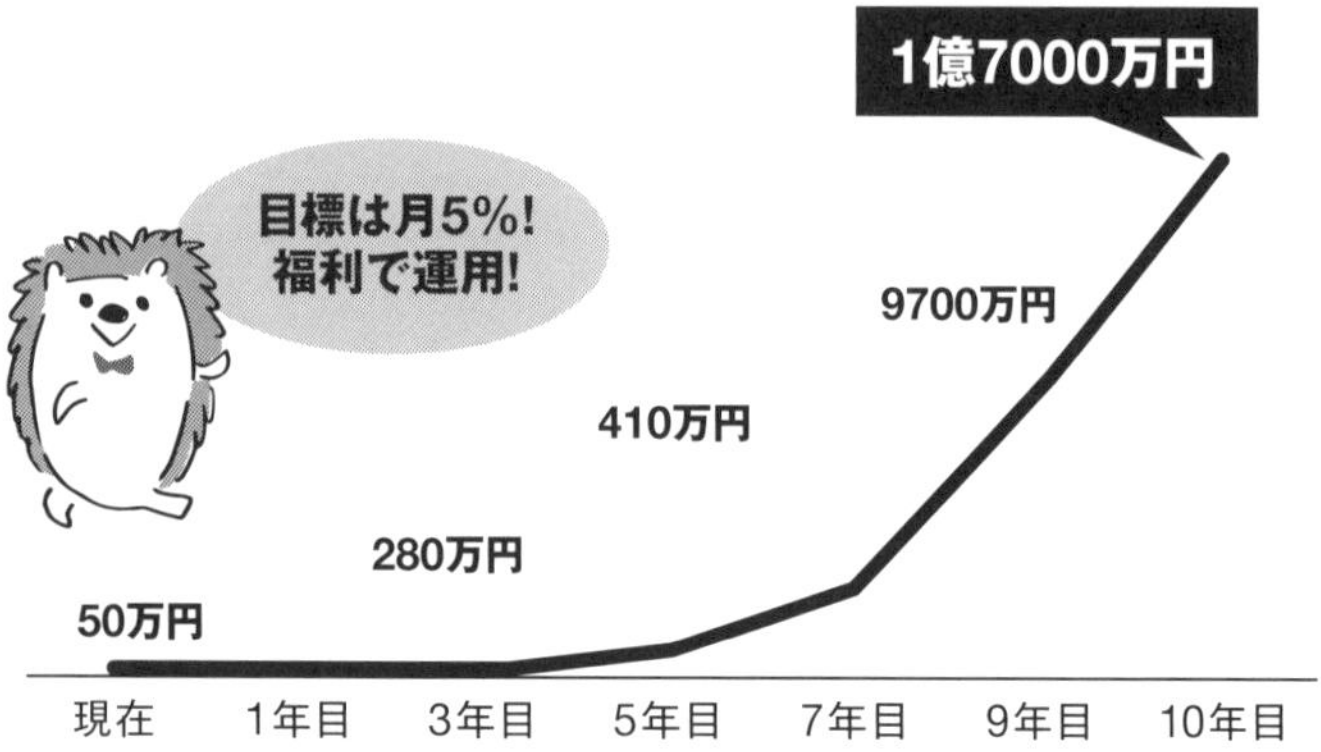

これなんです。

毎月、資産を5%増やすことがとても重要なんです。

仮に、50万円で株式投資をスタートして、毎月5%の運用を10年間継続できた場合に、50万円がどのくらいになると思いますか?

答えは、10年で50万が「1億7000万円」になります。毎月5%増やすインパクトは尋常ではないほどに大きいものなのです。この目線は決して忘れてはいけません。

月収50万円を達成した トレード実績の紹介

「個人投資家の9割が負けている」とよく言われますが、それくらい株で稼ぐのは難しいものです。みなさんの周りで株式投資で一時的にではなく安定して儲かっている人はどの位いらっしゃいますでしょうか？ 恐らく継続して利益が出続けている人は少ないと思われます。

そんなこともあり株式投資はギャンブルだと思われがちですが、そんなことは全くありません。きちんとした取引ルールを守ればコツコツと利益を積み上げていくことが可能になります。

僕が未経験から株式投資を始めて、本業のサラリーマンの仕事を続けながらトイレ休憩の合間にどうやって月に50万円の利益を上げることができたのか。これまでのトレード履歴を公開したいと思います。

〈人生初のトレード〉

山下けいさんからの教えで「初心者は、最初の半年は実践のトレードを控えた方がいいです。」と言われていたので、はじめの頃は会社が終わって帰宅してから彼の講義動画を観る毎日が続きました。帰宅して、夕ご飯を食べて、お風呂に入って、講義動画を見はじめる時間は決まっていつも深夜です。最初は彼の言っている意味が全く分からなかったので同じ講義動画を繰り返し何回も観ていました。会社への行き帰りの通勤時間や、お昼休みなどの空き時間があればとにかく動画を観て、彼が出版している本も何度も読み直しました。

すると、だんだんと彼の説明している言葉の意味や株式投資のトレードテクニックや思考に関して少しずつ理解できるようになっていきました。早くトレードしたい気持ちを抑えて、擬似トレードツールを使ってトレーニングしていきました。今思えば、この順番が本当に良かったのだと思います。実際のお金を入れずに、仮想で買ったり売ったりして収益が取れるかどうかをここで実力試しできるのです。練習の段階で上手くいかなければ本番はもちろん上手くいかない訳で、練習してから本番に挑むことはスポーツや受験などの世界にも同じことが言えます。やがて訓練を積んでいくうちに擬似トレードでも勝てるようになっていき、だんだんと自信がついてくるようになりました。

株を勉強し始めて6ヶ月が経過したある日、スマホの証券会社アプリでチャートを観察していたところ、ついこの間教えてもらったテクニックが発生している銘柄を発見！これは、明日上がるパターンだなと思い、急いでトイレに駆け込んで恐る恐る買い注文を14：30に入れました。その日の夜は一睡も寝られなかったことを今でも覚えています。自分が買った株が明日下がったらどうしよう…と不安な気持ちでいっぱいでした。

〈初トレードの運命やいかに⁉〉

結果はどうなったかと言いますと、200株購入をして、8573円の利益を獲得することができたのです。この成功体験をきっかけに株式投資の世界にはまっていく

銘柄		取引	売却/決済金額	取得/新規年月日	取得/新規金額	損益金額/徴収額
約定日	数量	受渡日	(費用)			(内 地方税)
4613 関西ペイント		現物売	236,530	18/07/20	232,600	+3,930
18/07/18	100株	18/07/23	(270)			

4613 関西ペイント		現物売	254,143	18/07/27	249,500	+4,643
18/07/26	100株	18/07/31	(257)			

ようになり、後に人生を好転させていくものになりました。

それからは、初めてのトレードで成功したことを皮切りに、エントリーできそうな銘柄のチャートを見つけてはトイレに行ってトレードをすることが習慣になっていきました。1回のトレードでエントリーした株価から売買ルールに従って利確するというスタイルでコツコツと資産を増やしていきました。

このように小さな利益をコツコツと積み上げていき、月収50万円を達成することができたのです。

普通に働いて月に50万円を稼ぐのはものすごく大変だと思います。月収50万円は一般企業の課長や部長クラスです。当時、手取りが20万円代であった僕にとって本業以外の収入がつくれたことは本当に大きかったです。

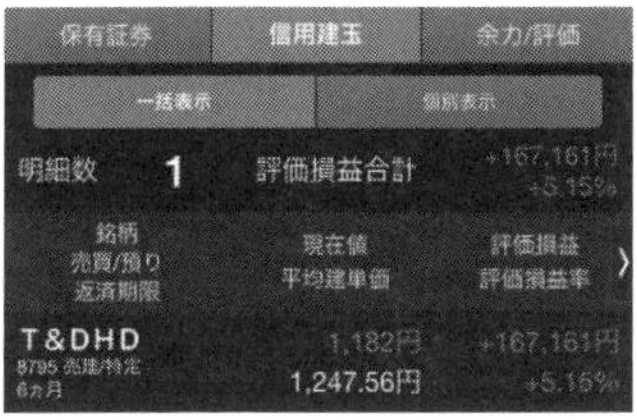

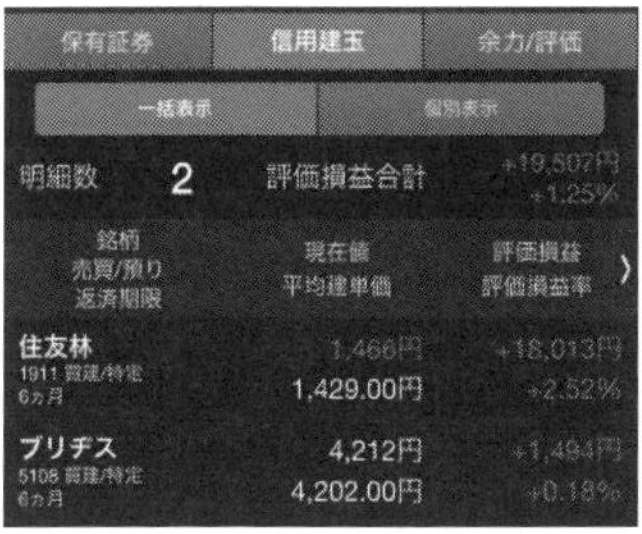

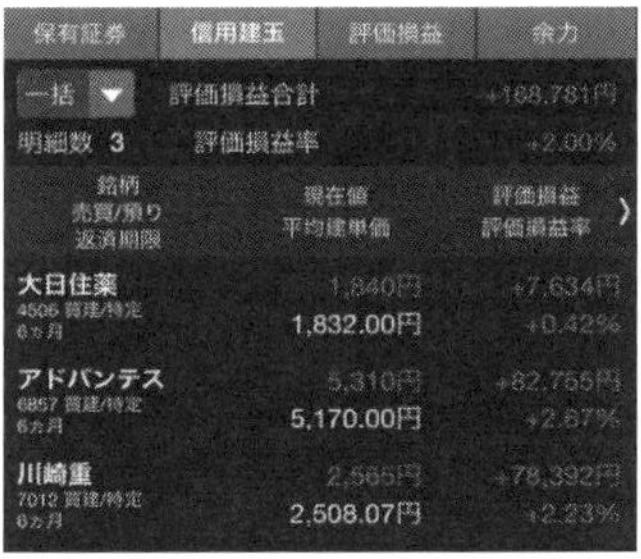

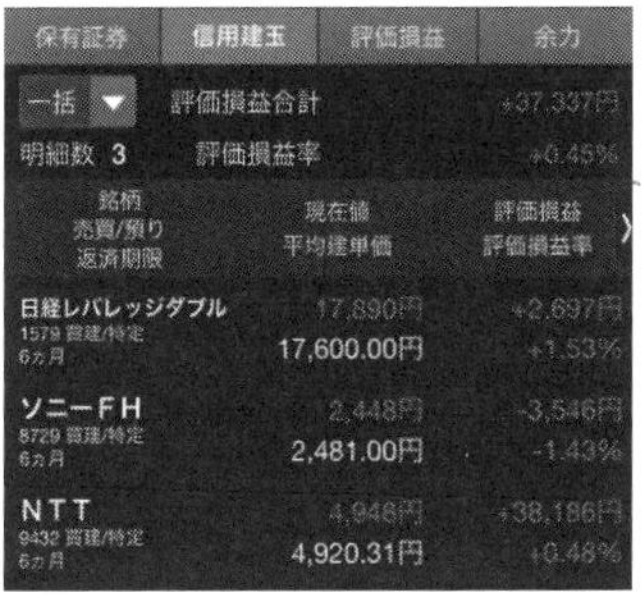

受渡日 / 2019年08月01日～2019年08月20日　1～56件　CSVダウンロード

譲渡益税徴収額合計	–	損益金額合計	568,567	明細数/56件
配当所得税徴収額合計	–	配当金額合計	–	明細数/0件

〈コロナショックで株価大暴落時のトレード紹介〉

2020年の新型コロナウイルスの感染症によって発生した、いわゆる「コロナショック相場」の株価下落で損をした投資家の方も多いのではないでしょうか。特にその年の暴落と戻りは、リーマンショック以降に始めた投資家にとって悪夢だったと思います。

コロナショックは、日本の1990年代のバブル崩壊や、2008年のリーマンショックのような、金融要因が実体経済に影響を及ぼしたショックとはまた違い、誰も経験したことがない未曾有の事態で、マーケット自体もどう動いたらいいか分からず、大混乱を巻き起こしました。新型コロナウイルスによる感染症が、人の動きと実体経済活動を止め、これまでと全く異なるタイプの大きなショックを与えました。

コロナショックによる株価の大幅下落で大きく損をしてしまった人と、反対に稼げた人がいた訳ですが、当時のトレードを紹介します。

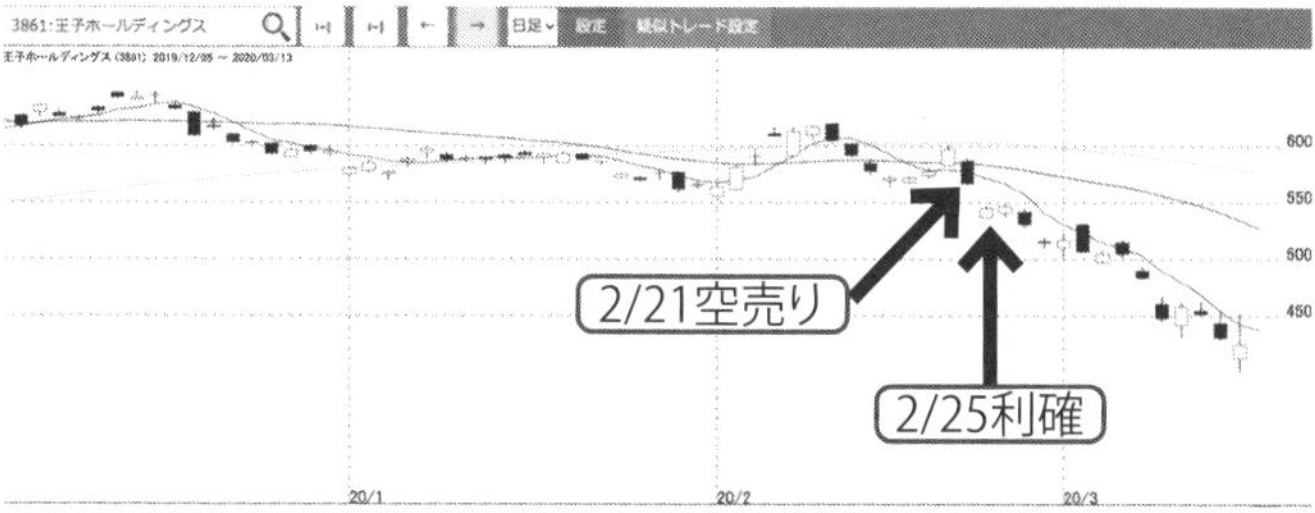
3861:王子ホールディングス
日足
設定
疑似トレード設定
2/21空売り
2/25利確
600
550
500
450
20/1
20/2
20/3

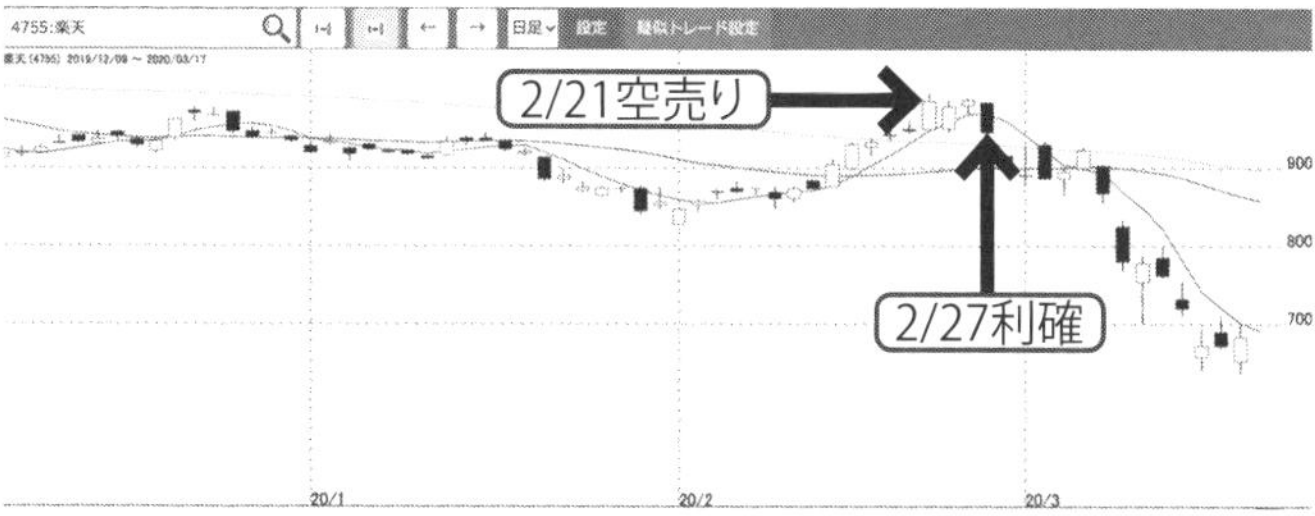
4755:楽天
日足
設定
疑似トレード設定
2/21空売り
2/27利確
900
800
700
20/1
20/2
20/3

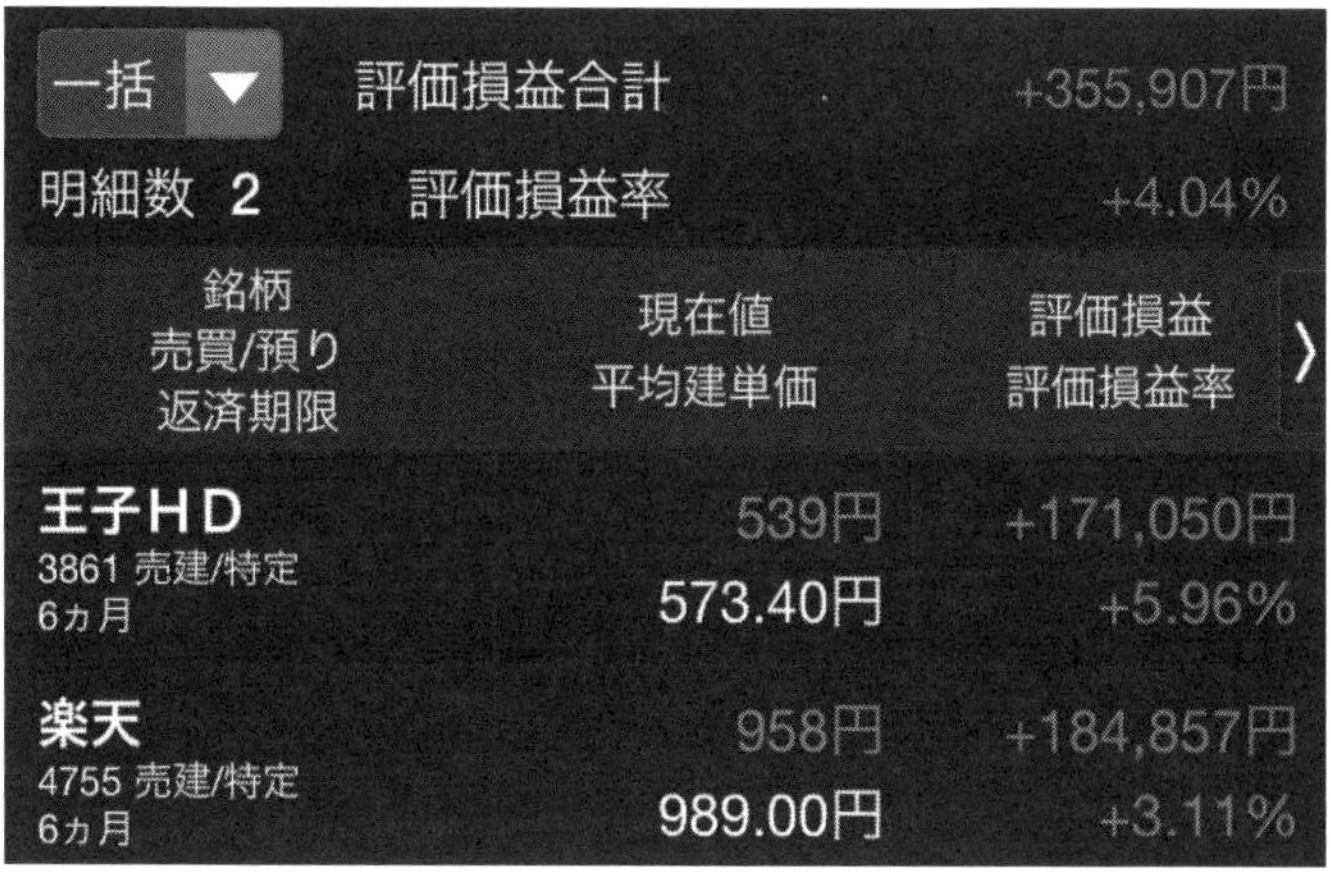
一括
評価損益合計 +355,907円
明細数 2
評価損益率 +4.04%
銘柄
売買/預り
返済期限
現在値
平均建単価
評価損益
評価損益率
王子HD
3861 売建/特定
6ヵ月
539円
573.40円
+171,050円
+5.96%
楽天
4755 売建/特定
6ヵ月
958円
989.00円
+184,857円
+3.11%

銘柄名：王子ホールディングス
証券コード：３８６１
２０２０年２月21日に空売り、２月25日に利益確定

銘柄名：楽天
証券コード：４７５５
２０２０年２月21日に空売り、２月27日に利益確定

また、２０２０年の３月も２月に引き続き日経平均が下がると予想していたので、日経平均株価が下がると、日経ダブルインバースという個別銘柄が反対に上がるのですが、そちらをトレードしていました。

銘柄名：日経ダブルインバース
証券コード：１３５７
２０２０年３月６日に空売り、３月10日に利益確定

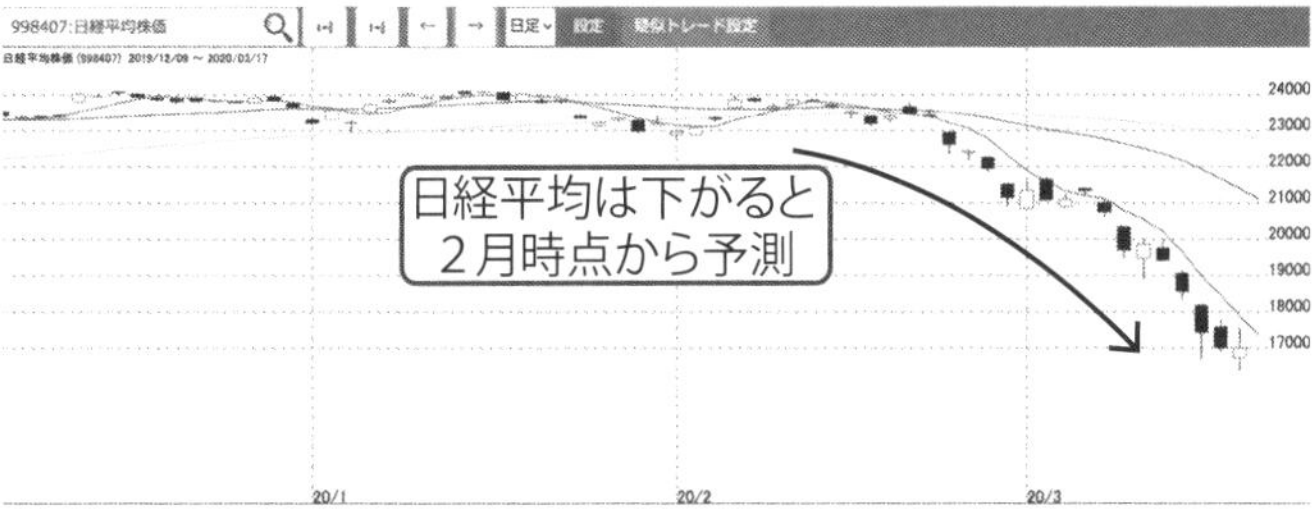

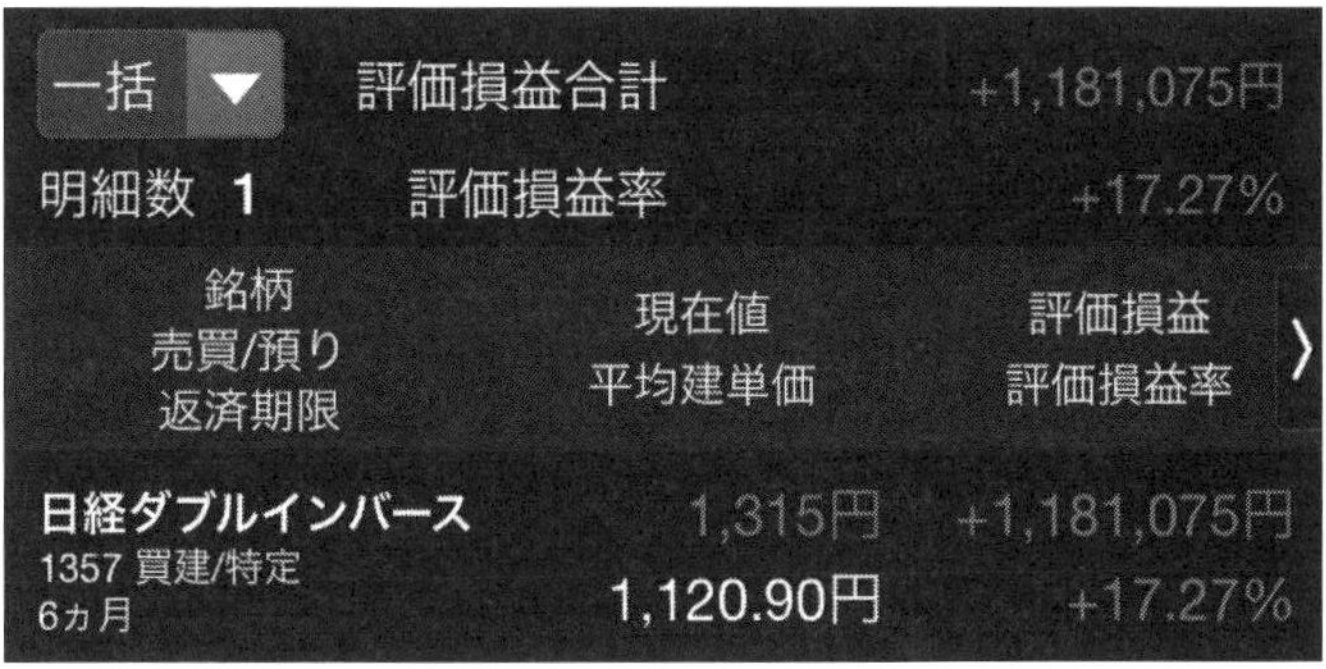

このトレードに僕が使った時間は5分くらいです。

訓練すれば、暴落する相場でもあまり時間を使わずに資産を着実に増やすことができるようになります。僕のトレードは、本書で紹介するテクニックを使って実践しているだけです。

日本では、仕事で働いた対価としてお金をもらうということが美徳として根強い風潮がありますが、アジアや欧米諸国では当人が働くのではなく、資産をうまく働かせて収入を得ていくことの意識が高く、小中学校の教育から義務教育として金融リテラシーを学んでいるほどです。

ぜひみなさんにも、当人が働くだけでなく、資産が働いて収入を得られるという意識を強く持ってもらいたいと願っています。経済的な余裕が生まれるだけでなく、時間的にも、精神的な安心にもつながり人生をより豊かにしてくれます。

僕が株式投資に出会っていなかったとしたら確実に今の生活はあり得ないと思います。株で得た収益のおかげで、新婚旅行はロサンゼルスのディズニーランドに9日間行くことができたり、六本木にある会員制のレストランに奥さんを連れていけるようになったりと2年前と比較すると生活の基準が大きく変わりました。


僕が経験してきたことは、みなさんにも絶対に再現できます。基本的にはチャートに向き合い、確立されたルールに基づいて売買するだけなので非常にシンプルです。株式トレードの道に一歩を踏み出そうとしている人やトレードが上手くなりたい人がいれば、この本を通じて僕が見ている株式投資の世界を共有していくので、引き続き読み進めてみてくださいね。次の章では、僕の株式投資の師匠で、億トレーダーの山下けいさんから学んだ「8つの教え」について解説していきます。

第3章

大切なことはすべて
チャートが教えてくれる！

――億トレーダーから学んだ8つの教え

その1 一番大事なのは空気を読むこと！

投資判断を下すための分析方法に「テクニカル分析」と「ファンダメンタルズ分析」があります。さまざまな意見があるなかで、誰でも理解しやすいテクニカル分析を使った考察を元にトレードをしています。

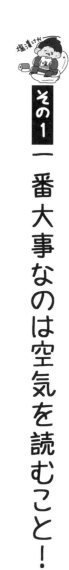

これまでに

・2008年のリーマンショック
・2015年のチャイナショック
・2020年のコロナショック

こういったニュースを見るたびに、やっぱり株は怖いなと思う人も多くいるかと思います。

ここでは、2020年2月以降の振り返りをテクニカル目線で僕がどう考察していたのかを説明します。

新型コロナウイルスの世界的な感染の拡大を受け、2月以降、主要国の株価指数は大きく下落しました。一言では言い表せないくらい大変な相場でした。

こういった大きな下落時には、大変な思いをしている人もいたでしょうし、逆に大きな利益を取れた人もいると思います。

激しい相場でしたので慣れていない人にとっては驚いてしまうような相場に感じられたのではないでしょうか。こういった事態が起こった時にどのように対処すればいいのか、今回のテーマの一つとして反応速度が重要なものになってきます。下落している局面の中で僕らは買わないですし、考察と逆に株価が動いてしまった時にすぐ損切りの判断ができるかどうかもすごく重要です。

暴落や暴騰時は難しい相場のようにみえて実はそうではないということ。これもまた、1章でお伝えした訓練や練習の大切さ、そして経験から言えます。

株式投資で必要なものは大きく2つあります。

①運用資金
②運用能力

今回は②の運用能力について考えていきます。運用能力は投資判断の繰り返しであるということ。手に入れなければならないものは何かというと、一つは、「方向性」。株価が今日という日から上に行くか、下に行くか。これが分からないとまずスタートラインに立てません。

方向性の次は、どれくらい動くかという「変動率」です。

この考えがすごく大切です。これが言えない人は、出口がない人です。
ファンダメンタルズ分析では、この出口について具体的に定義されていないため、あまり参考にはしていません。入口と出口、両方揃ってはじめて株式投資なのです。

株式投資をするからには、入口と出口に根拠を持つことが重要になっていきます。
入口というのはエントリー（方向性）。出口は利益確定または損切り（変動率）です。
この2つが想像できないとうまく勝てません。

その中で目安として考えているのが

「8%、16%の変動率」

これが根本にある訳です。

2020年2月からの日経平均はすごいスピードで下落しました。これを今の概念

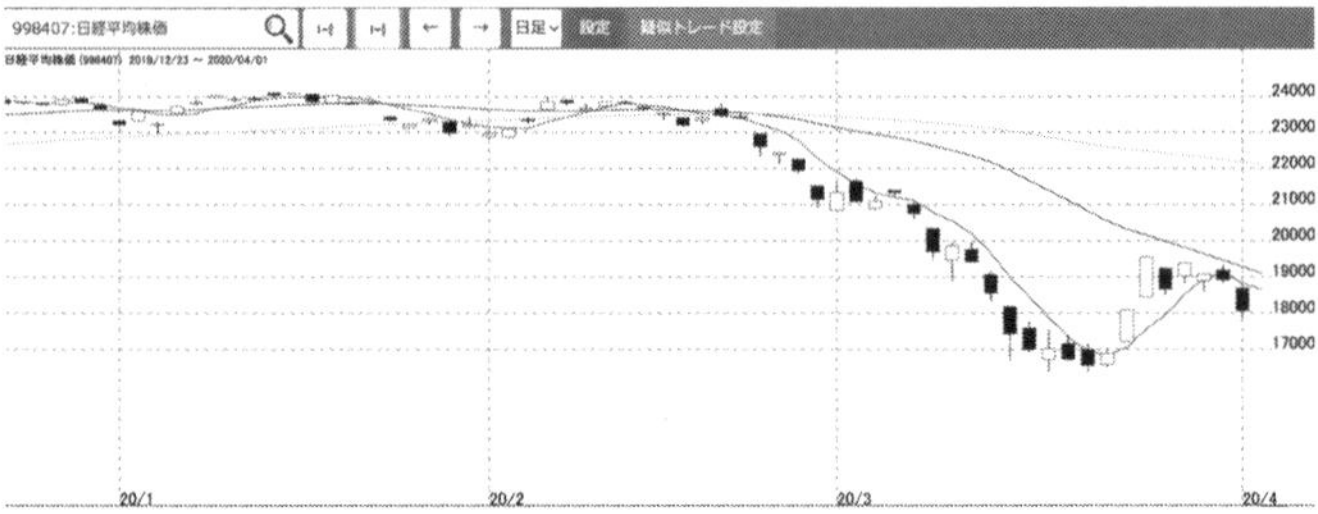

を持って、向き合ったらどういう運用になるのか。これを解説していきたいと思います。

こういう大きな下落は年に数回あります。

２００８年９月に起こったリーマンショック時の日経平均は、１３０００円から16%の下落が３回続き、一時は７０００円にまで下がりました。

そして２０２０年２月６日、約２４０００円から１回16%下落して、５日ほど止まって、もう１回16%の下落がきました。

僕のテクニカル分析の投資において、日経平均を考察する上で大事にしているのが8%、16%の法則です。こういった下落時に株で大きく損をしてしまった人は、勝とうという概念よりは、どうして勝てなかった、どうやったら勝てるようになるだろう、ここに目を向けて欲しいと思います。安心してください。

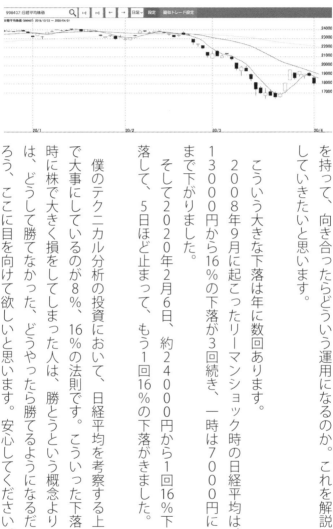

テクニカル手法をしっかりと勉強することで根拠を持ったトレードができるようになります。

その2 銘柄選びも重要！
――東証一部の大型株でトレードしよう

日本企業の株を売買する国内株取引と、外国企業の株式を売買する海外株取引の2種類があります。

投資初心者が始めやすいのは国内株取引。僕たちがよく知っている企業がたくさんあり、インターネットやテレビ、新聞、雑誌などを通じていろいろな情報を集めることができます。

証券会社で買うことができる銘柄は、上場している「証券取引所」という場に注文が集められて売買されています。ちなみに「上場」とは、証券取引所が売買してもよい銘柄だと認めていることです。上場できる証券取引所は東京、名古屋、福岡、札幌の全国4カ所にあります。

国内で最も規模が大きい証券取引所である東京証券取引所（略称：東証）に上場している銘柄数は、２０２０年7月15日時点で３７１７銘柄。

東京証券取引所では、４つの株式市場を開設しています。東証第1部、東証第2部、マザーズ、ＪＡＳＤＡＱ（ジャスダック）と、それぞれ上場銘柄に特色をもっているステージです。

・東証第1部は、大企業・中堅企業が上場する市場。多くの海外投資家が売買する世界的にも大きな株式市場です。

・東証第2部は中堅企業、日本の屋台骨を支えるような老舗企業が上場している市場です。

・マザーズ市場は、成長企業向けの市場です。東証1部上場を目指す、登竜門的なステージです。

・JASDAQ市場はある程度、実績のある成長企業向けのスタンダード市場、将来成長する可能性が高い企業が多いグロース市場の2つに分かれています。

とは言っても、こんなに種類があって、結局銘柄はどう選べばいいの？　というお声が非常に多く寄せられます。

僕が銘柄選定で重要視していることの一つに会社の「時価総額」があります。時価とは、株価がその日の市場での価格の事を言い、時価総額はその時価に発行済みの株式数を掛けた数字の額のことを言います。

時価総額の基準としては、

「5000億円以上の銘柄」

のみに絞ってトレードすることが重要です。

ほとんどの人はこれから成長しそうな株を探して買ってしまうケースが多いのですが、時価総額の低い小型株は1日の変動率が大きかったりチャートの形が崩れてしまったりと未来の予想をする上でトレードがしにくいのです。また、例えば資産が大きく100億円で時価総額80億円の会社を取引しようと思っても成立しないのです。ですので、時価総額は必ず意識してください。

〈時価総額の計算方法〉

上場企業の時価総額は「株価×発行済株式」で計算されます。この数値で企業の価値である時価総額を計算することが可能です。

順位	コード	市場	名称	取引値		発行済み株式数	時価総額(百万円)	単元株数	掲示板
1	7203	東証1部	トヨタ自動車(株)	15:00	6,835	3,262,997,492	22,302,588	100	掲示板
2	9984	東証1部	ソフトバンクグループ(株)	15:00	6,497	2,089,814,330	13,577,524	100	掲示板
3	6861	東証1部	(株)キーエンス	15:00	45,850	243,207,684	11,151,072	100	掲示板
4	6758	東証1部	ソニー(株)	15:00	8,126	1,261,058,781	10,247,364	100	掲示板
5	9432	東証1部	日本電信電話(株)	15:00	2,580.5	3,900,788,940	10,065,986	100	掲示板
6	9437	東証1部	(株)NTTドコモ	15:00	2,985	3,228,629,406	9,637,459	100	掲示板
7	4519	東証1部	中外製薬(株)	15:00	5,424	1,679,057,667	9,107,209	100	掲示板
8	9433	東証1部	KDDI(株)	15:00	3,344	2,304,179,550	7,705,176	100	掲示板
9	9434	東証1部	ソフトバンク(株)	15:00	1,431.5	4,787,145,170	6,852,798	100	掲示板
10	7974	東証1部	任天堂(株)	15:00	48,710	131,669,000	6,413,597	100	掲示板

※参照：ヤフーファイナンス

現在の時価総額トップは、トヨタ自動車（株）です。
株価と発行済株式は以下通りです。（2020年7月15日時点）

銘柄：トヨタ自動車（株）
証券コード：7203
株価：6835円
発行済株式：3、262、997、492株

よって、トヨタ自動車（株）の時価総額は、
株価：6835円×発行済株式：3、262、997、492株＝22兆3025億円

これはトレードを行う基準の5000億円以上を満たしているので対象銘柄になるということです。こういった大

きな安定した企業を選定することも重要な投資判断となりますので、みなさんもトレードをする際は時価総額をぜひ意識してみてください。

その3 絶対にトレードしない日とは？

株で儲けるためには〝いい会社〟の株を買うことが大切。そんな〝いい会社〟であるかどうかを見抜く方法の1つが、「会社の業績」をチェックすること。と覚えている人は今すぐその考えを捨ててください。実は会社の決算発表の内容が良くても株価が上がるかは分からないというのが理由です。

各企業が発表する決算とは、会社の経営状況を表す総まとめです。経営のためにかかった費用、経営で得られた利益、その他損失など、会社の財務状況を事細かにまとめたものが「決算」です。健康診断のようなものと考えてください。

決算にはいくつか種類があり、発表されるタイミングが異なります。

・本決算

年に1回発表するのが本決算です。決算月は会社によって違いますが、銀行などの金融機関は3月が本決算月と決められています。

・四半期決算

四半期決算とは、1年を4期区切り、その期間ごとに発表される決算を言います。3月が本決算の会社ならば、4〜6月が第1四半期決算、7〜9月が第2四半期決算、10〜12月が第3四半期決算、1〜3月が第4四半期決算となります。

重要なことは、決算発表後に株価が上に行くか下に行くかの方向性が予想できないので、**決算発表日の2〜3日前には保有している株を例え損が出ていようとも手仕**

舞いしてポジションをリセットすることです。決算を持ち越すということは、ギャンブルに近い感覚だと思ってください。

ソフトバンクグループ（9984）を例に解説していきます。

（19年11月と20年2月）

ソフトバンクグループが発表した2019年7~9月期連結決算は、最終損益で7001億円の赤字（前年同期は5264億円の黒字）。同社の四半期では過去最高、中間期としては15年ぶりの赤字に転落したという。

大赤字の要因は、オフィスシェア大手の「ウィーワーク」を運営する、出資先の米ウィーカンパニーの企業価値が低下したほか、配車サービスの米ウーバーテクノロジーズなどの投資先企業でも株安が進行。

近年拡大してきた投資事業で9702億円という多額の損失を計上したためでした。

この発表を受けて、ソフトバンクグループの株価は下落するだろうと話題になって

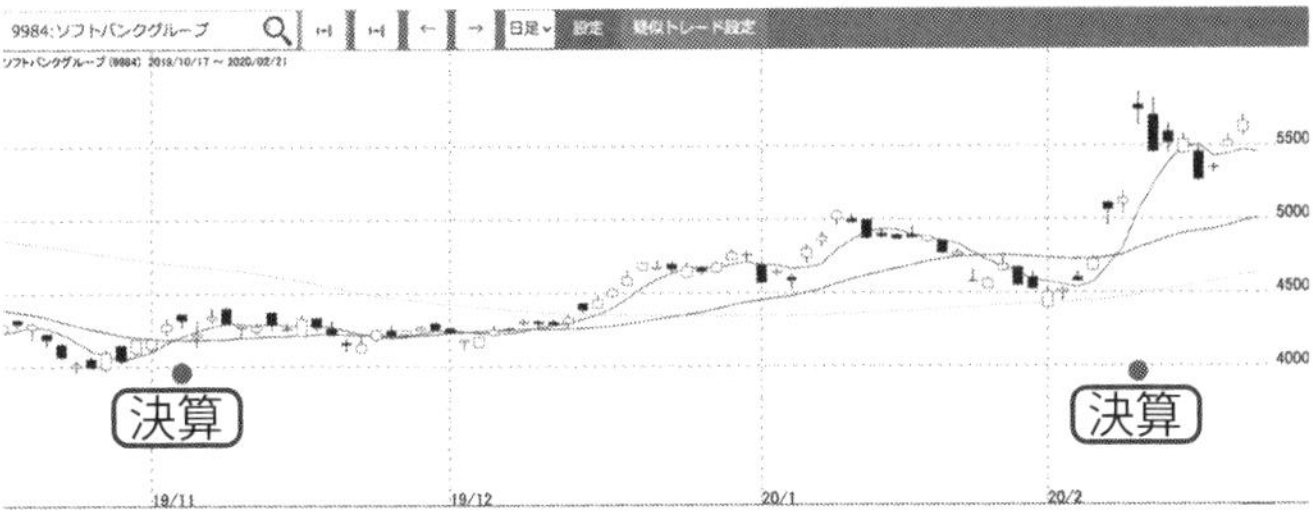

いましたが、実際には株価は上がっていったのです。悪い決算内容だからといって株価が下がるとは限らないのです。

また、2020年2月の発表では、2019年10～12月期連結決算（国際会計基準）は、純利益が前年同期比92％減の550億円、主力のファンド事業の営業損益が赤字となったことが響き、シェアオフィスを運営する米ウィーカンパニーの損失で約7000億円の最終赤字。

同日発表した4～12月期の連結純利益は69％減の4765億円だったと報告があり、またしても株価は下落していくという大方の予想に反して、決算発表の翌日には前日比の約10％以上も株価が上がったのです。

その4 配当や優待を狙ったトレードはもうやめよう！

日本には「株主優待制度」という、世界でも珍しい制度があります。上場企業が株主に感謝して贈り物をする制度です。

本来、株主には配当金を支払うことで利益還元するのが筋です。ところが、日本の個人株主の一部に、お金（配当金）をもらう以上に贈り物（株主優待）を喜ぶ風潮があることから、株主優待という制度が存続しています。小売・外食・食品業では、個人株主がそのままお客さま（会社製品の購入者）になることもあるので、広報宣伝活動の一環として自社製品を優待品に積極活用する企業が多数あります。

とても魅力的な制度なのですが、これだけ

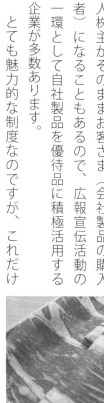

は知っておいてほしいポイントについて解説します。

まず、株の利益は2種類あります。

①配当や優待による利益
②株価の差益による利益

僕のトレードでは、株価の差益による利益をメインに取引をしています。
何故、配当や優待を狙ったトレードに気をつけておいた方がいいかという点について具体的なチャートを提示しながら解説していきます。
配当・優待銘柄で人気の銘柄の一つに日本たばこ産業（ＪＴ）があります。
ＪＴは、株主への利益配分に積極的な会社です。２０１９年12月期まで16期連続で増配（1株当たり配当金を増やすこと）してきました。自社株買いも積極的に実施しています。ところが、チャートをご覧ください。

出典：楽天証券経済研究所作成

過去1年半の株価を見ても、図のように下げ続けています。配当利回りは右肩上がりですが、それでも株価は下げ続けているので、当時3200円で株を買っていた人は、2000円まで保有していたとすると約37・5％も下落したことになります。

100万円で運用していたとしたら、37・5万円もの損益を抱えていることになります。

この含み損をずっと耐えられる人はいるでしょうか。

現時点の株価からさらに下がっていく可能性もありますし、上がってくるのを待つ人は現金化できない状態が長期間続くので投資のチャンスを大きく逃してしまっているのです。

企業にとって、（1）株主ロイヤルティの向上（ファン作り）、（2）安定株主の確保、（3）株主数の増加・維持が期待できる株主優待制度ですが、メリットだけではなく、それに応じたコストも掛かっています。

株式を2倍保有していても、2倍の株主優待が貰えないことがほとんどなので、株主優待制度を期待する株主は小口（あるいは優待が貰える最低単位の）株主になりがちです。その分、株主優待そのものに掛かる費用や郵送費などがかさみます。

最近では、年金2000万円問題や令和2年度「税制改正大綱」でのiDeCo（イデコ：個人型確定拠出年金）やNISA（ニーサ：少額投資非課税制度）の制度改定が打ち出されるなど、老後に向けた資産形成に関するニュースが多いですが、こうした大きな流れの中、現在のような株主優待制度は長期を見据えた資産形成との親和性が低いという問題もあります。

これからは、自分で運用能力を身につけて株価の差益による利益を取っていけるようになりましょう。

その5 日経新聞や会社四季報を読んでも勝てない!!

チャートを見て判断するテクニカル分析とよく比較される手法として「ファンダメンタルズ分析」という分析手法があります。

2つの手法をざっくりと説明すると、株式投資を行うにあたって企業の本質的な価値に注目するのが、ファンダメンタルズ分析。

一方で、刻々と変動する価格やローソク足や移動平均線と、投資家の行動パターンに注目したのが、テクニカル分析です。

価格は、投資家たちの意思決定によって決まるので、価格と売買高が記されたチャートは、投資家たちの意思決定の足跡であると言えます。

ゆえに、チャートを調べていけば、投資家が「買われ過ぎの水準」と思っているのか、あるいは「売られ過ぎの水準」と思っているのかをある程度知ることができます。チャートによって将来の価格水準を予測し、効率的な売買タイミングを知ろうとするのがテクニカル分析なのです。

〈テクニカル分析のメリット〉

短期的な相場分析ができるテクニカル分析には、以下のようなメリットがあります。

・投資タイミングを視覚的に判断することができる

ある銘柄の株価の動きを確認するためには、株価チャートを使用することになります。

株価チャートは株価の値動きをグラフ化したものです。また、移動平均線の他にもボリンジャーバンド、ＭＡＣＤなどといったデータの推移も株価チャート上に表示することが可能です。このように、視覚的に判断しやすいというのはテクニカル分析を利用する大きなメリットといえます。

・チャートに注目するだけで株価を分析できる

株価チャート上以外の資料を引っ張り出してきて分析する必要がありません。つまり、株価チャートのみで分析を完結させることができます。そのため、比較的手軽に相場分析を行えるといえます。

・経済に関する知識がなくても株価の分析や予測が可能

株価の値動きを表す株価チャートと、それぞれのテクニカル分析に関する知識があれば、テクニカル分析を行うことが可能です。海外や国内の経済状況に関する知識があれば分析結果に反映させることも可能ですが、あまり知識がなくても分析ができるというのも、テクニカル分析の特徴です。

・分析力が上がれば相場を予測する精度も上がる

テクニカル分析を行い、その結果を踏まえて研究をしていけば、おのずと分析力はアップしていきます。そして、分析力の向上は、今後の相場観の予測精度の向上にもつながっていくことになります。

〈テクニカル分析のデメリット〉

・分析結果は絶対ではない

普遍的な結論から言うと、株式相場を完璧に予測することはできません。また、機関投資家のように大きな資金力があると、わざとシグナルとなるような売買を行い、その逆を行くことで利益を上げようとするケースがあります。これを「ダマシ」といいます。分析した予測とは違う結果になった場合、適切に損切り（ロスカット）を行わなければ、損失が拡大してしまう可能性があります。とはいえ、あまり怖がる必要はありません。定義されたルールに従って取引することが重要です。

・突発的なことには対応できない

株価というのは、政治や経済の情勢に影響するような出来事やニュースなどに大きく影響されます。仮にそのようなことが起こった場合、通常の相場とは全く違った値動きになることがあるので、その際にしっかりと反応できるように訓練しておくことが大切になっていきます。

ファンダメンタル分析とは、企業の財務状況や業績をもとにして、「企業の本質的な価値」「市場価格とのギャップ」を分析する方法をいいます。

〈ファンダメンタル分析のメリット〉

・短期的な値動きやトレンドにとらわれなくて済む

ファンダメンタル分析は長期的な投資に向いている分析手法です。仮に短期的に株価が下落した場合でも「上昇してくるまで待つ」ことができ、短期的なトレードのように頻繁に損切りの判断に迫られることがないので、心に余裕を持って投資を行うことができます。

・長期投資で大きな利益を上げることができる

市場の状況や企業の将来性なども分析材料となります。例えば、新規上場した企業に目をつけ株式を購入しておくと、数年後に株価が大きく上昇していた、ということもあり得ます。

〈ファンダメンタル分析のデメリット〉

・プロの投資家との情報格差が大きい

テクニカル分析のメリットでも解説したように、企業の財務状況などの情報を手に入れる場合、個人投資家は機関投資家よりも不利になります。機関投資家には、圧倒的な情報収集能力があるためです。そのため、情報を得るのが遅くなり、割安のつもりが実は割高な銘柄を購入してしまい、投資が失敗に終わるケースが発生することがあります。

・分析結果や利益が確定するまでに時間がかかる

ファンダメンタル分析は長期投資に向いています。しかしそれは相場の予測や利益などの「結果」が出るまでにかなりの時間がかかる、ということにもなります。その結果が見込みと外れてしまうことも当然考えられますので、ある程度株式投資の経験値が高い方に向いている分析手法といえます。

〈まとめ〉

テクニカル分析とファンダメンタル分析には、それぞれ特徴とメリット・デメリットがあります。そのため、どちらが優れているのか決めることはできません。また、どちらかに頼り切ってしまうのも危険といわざるを得ません。なので、両方の特徴を活かしたトレードをすることが重要です。

僕がファンダメンタル分析で重要視しているのが政治です。国の政策が株価にも大きく影響します。アベノミクスでは異次元の金融緩和により株価を上げようとしているので、基本的には上目線で良いのですが、株価はずっと上がる訳ではなく上がったり下がったりします。その時に利用できるのがテクニカル分析です。政策的には上方向であるけれども、チャート的には下方向だったりしますので、バランスを取りながら、適切な投資判断を行うことが大切になります。

その6 これを覚えればチャンスが2倍になる！

株は、安く買って高く売ることによって儲けるという考えが一般的ですが、この場合、株が上がらないと利益を得ることはできません。

しかし、株価は上がったり下がったりの変動を繰り返しています。大きく上がることもありますが、大きく下がったというニュースもよく聞きます。

特に、コロナショックとか、ギリシャショックなどの○○ショックということで、株価が大きく下がったというのは、耳にすることが多いと思います。

株価は下がることもあります。当たり前のことですが、株を買う人にとっては、買っている銘柄は下がってほしくないですし、○○ショックなんてもってのほか！と思う方も多いと思います。

でも、現実は、急落などはあります。まず、あることを前提にトレードを始めないと「買い」目線だけではどうしても戦っていけません。

では、下がる局面で、利益を上げるにはどうしたらいいでしょうか？ その答えは、「空売り」をマスターすればよい。ということになります。空売りとは、文字通り、株を持っていない（から）状態で、株を売り、安くなったら買い戻すというやり方で、株価が下がったら儲かる。という仕組みです。始めての方は、何が何だかわからないことも多いと思います。私もそうでした。

どうして、株が下がると儲かるのでしょうか？ 仕組みについて説明していきます。

①証券会社から株を借りてくる

そういう仕組みがあります。ポイントは、借りてくるということです。

②借りた株を市場に売る

③空売りが約定する（市場に売った状態となる）

仮にトヨタの株を空売りしたとしましょう。その時の株価が6000円だったとします。単元は100株なので、株を市場に売ると60万円（6000円×100株）が手元に入ってきます（これは形式上で実際にはもらえません。口座の中でのことです。）

④株価が下落する

株価が下がりました。4日後に5500円となりました。この時点で、500円株価が下がっているため、500円×100株＝5万円の利益がでていることになります。

⑤株を買い戻して証券会社に返す

株価が下がったので、買戻しを行います。再度、市場からトヨタの株を買うわけです。元手資金は、③のところで売った瞬間の60万円です。現在の株価は、5500円となっていますので、100株の購入金額は、55万円（5500円×100株）となります。

すると、手元にいくら残っているでしょうか？60万円あったのですから、55万円を支払えば、60万円－55万円＝5万円、が残っています。
これが、利益になります。この差額の5万円だけが、口座に振り込まれる。という仕組みです。いかがでしょうか？下がったら儲かるという仕組み、理解できましたでしょうか？株式市場には、こんな仕組みがあるのでうまく活用していくことが大切です。

よく、空売りが怖いという人はいますが、僕からすると使わないほうが怖いという感覚です。「買いは家まで売りは命まで」これは、株価の下落には「底」があるけど、上昇には「天井」がない。つまり、買いの損失は家を失うくらいで済むけど、売りの損失はヘタをすると命まで失うという意味の有名な投資格言です。

ただ、問題がどこにあるかをよく考えてもらいたいのです。結論としては、問題は扱う当人にあります。空売りを身につけると自分にとって有力な武器となります。空売りが怖くてやらないという人は、株価が下がった時に何も反応することができずに最悪の場合、塩漬け状態になってしまう可能性が非常に高いです。

僕の周りにも、空売りには強い関心があるものの、「なんだか怖い」と思って実践できていない個人投資家の方が多数いらっしゃいます。

確かに空売りという行為は、慣れないうちは抵抗があるものです。でも最初の一歩を進めなければ何も始まりません。慣れていないのにいきなり大きな金額を空売りするから失敗してしまうのです。

でも、小額からはじめれば、例え失敗してもたかが知れています。だから最初は小さい金額で空売りを試してみましょう。そして次第に金額を大きくしていけば良いのです。または、お金を入れずに擬似トレードで体験するのもオススメです。

空売りをマスターすれば、上昇相場だけでなく下落相場でも利益を得る機会が生まれます。武器の数は多い方が良いに決まっています。正しいやり方を身につければ空売りも決して恐れることはありません。しっかり訓練した上でチャレンジしてみましょう。

その7　リーマンショックもコロナショックも怖くない！

〈株取引で塩漬けを防ぐためには〉

塩漬けとは、野菜や肉・魚などを塩に漬け込み長期保存する調理法のひとつです。それが転じて、購入した株が値下がりしてしまい、売るに売れなくなってしまった株のことを「塩漬け株」と言うようになりました。塩漬け株は、食べ頃（株価が買値まで戻ってくること）がいつなのか分からないこともあり、ときには戻ってこないことさえあるということです。

株取引の売買の結果、毎回勝てればいいのでしょうが、残念ながらそういうことはありえません。どれほど投資経験がある人であれ、負けることがあるわけです。失敗する投資になった時に、すぐに損切りすることができれば、損失を最小限に抑えることは可能です。しかしながら、もう少し持ち続けていれば、株価が上がるかもと思って、保有することで「ズルズル」と株価が値下がりしてしまい、結果的には塩漬けになってしまうことがあります。塩漬けにしない取引のためには、損切りの徹底が大切です。

株を購入後に株価が下がってしまった時に、「長期的な成長を狙っている」あるいは「配当が目的で」といった理由をつけて、自分は「失敗」したのではないと思いたい気持ちの方が多くいらっしゃると思います。もちろん長期的な成長や配当を狙って「長期保有株」として株を買い、結果的に株価が下がることもあります。もし株を購入した根拠が崩れていない、あるいは事前に想定していた値動きの範囲内だというのであれば、まだ失敗といってしまうのは早いかもしれません。そのうち株価が戻ってくることもあります。でも、本来利益を得ようとしていたタイミングではないなら、それはたまたまであり、「失敗」に変わりありません。むしろ株価が戻って来ない、あるいは数ヶ月・数年先ということのほうが多く、ズルズルと損失が拡大していき、ますます売れない悪循環に陥るというのが典型的なパターンになってしまいます。

〈塩漬け株を持っていることのデメリット〉

・塩漬け株は資金効率を悪化させる

塩漬け株を持っていることによる最大のデメリットは、投資資金まで塩漬けにしてしまうということです。投資資金がいくらでもあるならいいですが、実際にはそうはいきません。もし投資資金が１００万円で、50万円で買った株が塩漬けになってしまえば、残り50万円しか余力がなくなってしまいます。もし投資資金が50万円なら、もうなにもできなくなってしまいます。そうこうしているうちにも相場は動いており、絶好のチャンスが巡ってくることもあります。しかし投資資金がなくては、指をくわえて見ていることしかできません。塩漬け株は、資金効率を悪化させ、含み損だけでなく機会損失という損失をもたらすものだと認識しておくことが大切です。

・塩漬け株は精神的なストレスとなる

塩漬け株は投資資金を圧迫するだけでなく、精神的にもストレスとなります。上がっては下がる繰り返し、いつ見ても一向に含み損がなくならない塩漬け株は、損失が広がる不安を常に抱かせ、その株を見るだけで気分が憂鬱になります。その精神的なストレスが投資行動全体に影響し、なんとか挽回しなければという思いから、冷静な判断ができなくなってしまう可能性もあります。

〈一番大切なのは出口を決めること〉

投資をする前には必ず出口を決めておくことが非常に重要です。あらかじめ、こうなったら場合は利益確定または損切りをするという明確なルールに沿って運用すれば良いのです。さらに、3章で決算を持ち越さないことの大切さについて説明しましたが、このルールに従ってトレードをすれば塩漬け株にならないのでその点でも安心できます。


（補足）

～塩漬けしてしまう人の心理～

ここで心理テストをしてみたいと思います。以下の2つの質問のどちらがいいか選んでください。

①100%の確率で50万円を失う
②50%の確率で100万円を失う。50%の確率で何も失わない

さて、この2つの場合、どちらがいいでしょうか？

実はこの2つの質問の期待値は両方ともマイナス50万円なので、理論的には同じなのです。（仮に100回繰り返したとしても理論的には「5000万円を失う」に収束していきます。）ですが、この質問をするとほとんどの人が②番を選択します。この結果を受けた心理学者が考察するに、「人は無意識に確定的な損失を回避しようと考えてしまう」ということです。

つまり先ほどの2つの質問でいうと、

①100%の確率で50万円を失う
（確実に50万円失うのか）
②50%の確率で100万円を失う。50%の確率で何も失わない

（もしかしたら何も失わずに済むかもしれない、しかし100万を失うことに意識が向いていない）


と言った心理が無意識に働いてしまうのです。

この心理的な傾向性をプロスペクト理論といいます。

「バルサラの破産確率」

バルサラの破産確率という言葉は聞いたことはありますでしょうか？

もし、投資をしていてこれを聞いたことがない人がいたら、この機会にしっかり覚えておきましょう。

バルサラの破産確率という考え方は株式投資だけではなく、投資全般に必要な知識です。


ナウザー・バルサラという数学者が、破産確立について考えたトレードルールの安全性と期待値の高さが分かる表です。なんか難しそうな感じもしますが、実際のところルールは凄く単純で簡単に出来ています。

覚えるのは3つだけです。

・勝率
・損益率
・リスクにさらす資金比率

この3つの数値から、トレードを続けたときの破産確率を導き出すというものです。
勝率は、勝ちトレードの割合を表しています。
勝率（％）＝勝ちトレード数÷総トレード数×100
（例）トレード成績が10勝4敗なら、勝率＝10÷14×100＝71・4％

損益率（リスクリワード）とは、勝ちトレードの利益額と負けトレードの損失額のバランスです。
損益率（倍）＝トレードの平均利益額÷トレードの平均損失額
（例）平均利益額3000円、平均損失額が2000円なら、損益率3000円÷

ペイオフレシオ（損益率）	勝率（％）									
	10	20	30	40	50	60	70	80	90	100
0.2	100	100	100	100	100	100	98.0	72.2	5.8	0
0.4	100	100	100	100	99.9	95	58.7	6.5	0	0
0.6	100	100	100	99.9	96.1	64.1	12.4	0.1	0	0
0.8	100	100	100	98.8	78.4	26.1	1.3	0	0	0
1	100	100	99.9	92.6	50	7.4	0	0	0	0
1.2	100	100	99.1	78.4	26	1.8	0	0	0	0
1.4	100	100	96.4	59.5	11.9	0.4	0	0	0	0
1.6	100	99.9	90.4	41.2	5.1	0.1	0	0	0	0
1.8	100	99.7	91.1	26.8	2.2	0	0	0	0	0
2	100	99.1	69.6	16.8	0.9	0	0	0	0	0
2.2	100	97.7	57.6	10.3	0.4	0	0	0	0	0
2.4	100	95.2	46.4	6.3	0.2	0	0	0	0	0
2.6	100	91.5	36.6	3.9	0.1	0	0	0	0	0
2.8	100	86.8	28.5	2.4	0	0	0	0	0	0
3	100	87.2	22	1.5	0	0	0	0	0	0

２０００円＝１・５倍

リスクにさらす資金比率とは、１回のトレードで口座資金の何％の損失を許容するか？を表し、以下の計算式で求めることができます。

リスクにさらす資金比率（％）＝１トレードの許容損失額÷口座資金×１００

（例）口座資金１００万円で１トレードの許容損失額が２万円なら、リスクにさらす資金比率＝２万円÷１００万円×１００＝２％

リスクにさらす資金比率は、２％以下に抑えると安全度の高いトレードができると言われています。この比率を高くしすぎると、何度かの損失で投資資金を全部失うことになってしまいますので

ベイオフレシオ(損益率)	勝率(%) Ⓐ									
	10	20	30	40	50	60	70	80	90	100
0.2	100	100	100	100	100	100	98.0	72.2	5.8	0
0.4	100	100	100	100	99.9	95	58.7	6.5	0	0
0.6	100	100	100	99.9	96.1	64.1	12.4	0.1	0	0
0.8	100	100	100	98.8	78.4	26.1	1.3	0	0	0
1	100	100	99.9	92.6	50	7.4	0	0	0	0
1.2	100	100	99.1	78.4	26	1.8	0	0	0	0
Ⓑ 1.4	100	100	96.4	59.5	11.9	0.4	0	0	0	0
1.6	100	99.9	90.4	41.2	5.1	0.1	0	0	0	0
1.8	100	99.7	91.1	26.8	2.2	0	0	0	0	0
2	100	99.1	69.6	16.8	0.9	0	0	0	0	0
2.2	100	97.7	57.6	10.3	0.4	0	0	0	0	0
2.4	100	95.2	46.4	6.3	0.2	0	0	0	0	0
2.6	100	91.5	36.6	3.9	0.1	0	0	0	0	0
2.8	100	86.8	28.5	2.4	0	0	0	0	0	0
3	100	87.2	22	1.5	0	0	0	0	0	0

気をつけましょう。

先ほど例に挙げた計算結果をもとにすると勝率と損益率は以下の通りです。

Ⓐ勝率:71・4%
Ⓑ損益率:1・5倍

上記にあるバルサラの破産確率表にあてはめると、破産確率は0%ということになります。バルサラの破産確率表では、破産確率が1%未満であれば安全性の高いトレードができるといわれています。リスクにさらす資金比率2%、勝率71・4%、損益率1・5倍という条件なら、かなり安全度の高いトレードルールであることがわかります。

トレードをする上では、記録を付けて安全なトレードをしているかどうかの確認をしながら運用していくことが大切です。

その8 初心者が陥りやすい3つの注意点

〈1つ目〉証券口座を開いて売買するのは一番最後！

新型コロナウイルスの感染拡大で、株式市場は混乱し株価が大幅に下落しましたが、今こそがチャンスと、漠然と儲かったらといいなと思いながら、なんとなく証券口座を開き、お金を振り込んで始めてしまう人が多いと感じます。

そして、最初の損失で目を覚まして勉強を始めるということになります。株式トレードの世界は90％以上の人が負けると言われている、とても厳しい世界です。お金儲けをしたい気持ちから、株式トレードをはりきって始めるのは良いのですが、自分の大事な資産を溶かしてしまっては時間もお金も非常にもったいないです。

重要なことは、株価が今日という値段から上がるのか下がるのかどちらにいくかの「方向性」を見極めることです。また、その地点からどれくらい動くかの「変動率」が分からなければ株式投資で実際のお金を投入してトレードするのは控えた方がいいでしょう。

〈2つ目〉自動売買ツールに手を出さない！

株式投資を始めた人なら、一度は自動売買について興味を持ったことがあるのではないでしょうか？

日々お仕事でお忙しいみなさんに代わって、寝ている間も遊んでいる間も自動で利益を出してくれる、そんな夢のような仕組みがあったら誰でもやりたいですよね。

しかし、株式投資の自動売買は本当に儲かるのでしょうか？　結論からお伝えすると、残念ながらおすすめすることはできません。一時的に勝てることはありますが、生涯稼ぎ続けている自動売買ツールを見たことがありません。

自動売買ツールには高額ソフトを請求される場合もあるので、十分に注意してください。詐欺案件も多く、被害に遭った人も大勢いるからです。高いお金で買ったのにも関わらず、勝てる月が一度もないというケースもあります。

また、「必ず儲かる」「絶対に稼げる」「月収30万円は保証します」というような表現には注意が必要です。もし、これらの表現が使われていたら、ほぼ詐欺であると疑った方がいいでしょう。なぜなら投資の世界に「必ず、絶対、１００％」という言葉は存在しません。世界最高のヘッジファンドでも、損をする可能性があるのです。

〈3つ目〉世の中、楽をして稼げるものはない！

インターネットや雑誌では、いかにも簡単にお金を儲けられるようなことが書かれていることがありますが、これに乗っかってしまうと危険です。また、証券会社の営業マンが提案する株を買ってしまうのも同様です。

実際、保有した銘柄が10倍、20倍になった人もいますが、そこには「再現性」がありません。一見、魅力的で花のあるトレードに見えますが、これができるのは運の良い人だけなのです。目立った結果だけを見て、自分もできるとは思わないようにしましょう。株式投資の基本は、「急がば回れ」です。ビギナーズラックで大金を儲けても、それを続けるには、知識とテクニック、そして継続的な勉強が必要であることをしっかり心にとめておきましょう。

以上が3つの注意点となりますので気をつけてください。

本書を読んでくださっている方が失敗をしないように心に留めておいていただければと思います。正しい運用知識を身に着けて、健全な投資をしていきましょう。特に、楽をして稼げるものはないということ。そのことをみなさんにもご理解してもらえたら嬉しいです。

第4章

明日から使える
テクニック大公開！

「売り」と「買い」の投資法とは

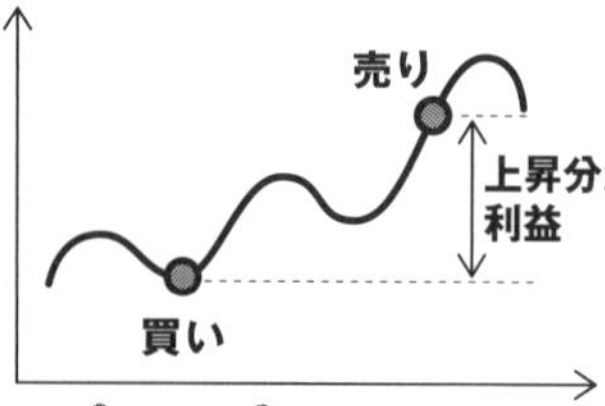

下がっても…

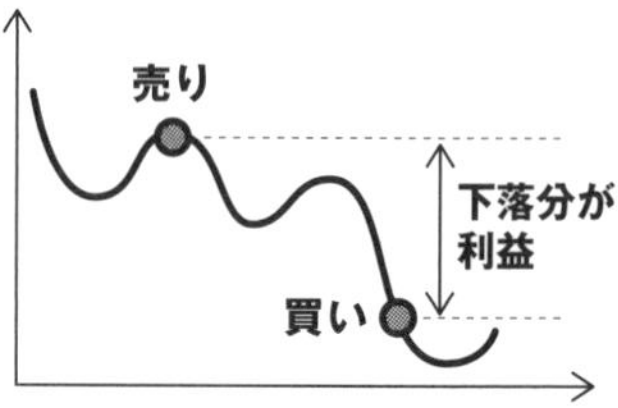

チャートの見方の基本——ローソク足、移動平均線

株式投資は、株価が上がった時でも下がった時でも収益を取っていけるのが最大の魅力です。一般的には、安くなった株を買う人が多いですが、高くなった株に対して空売りができるようになると単純に2倍のチャンスになります。

〈ローソク足の見方・使い方〉

ローソク足とは4つの値（始値・高値・安値・終値）を1本のローソクの形に表したものです。1日の値動きが視覚的にわかりやすいため、多くの投資家が使っています。

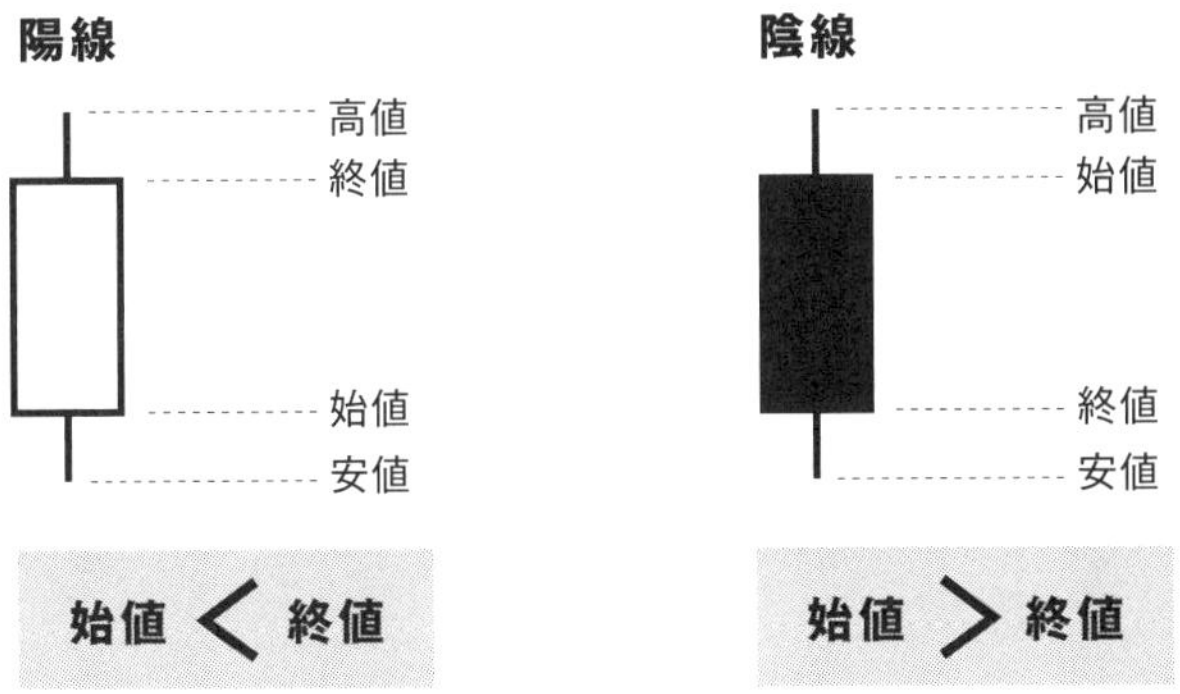

始値よりも終値の方が高いものを陽線といい、始値よりも終値の方が安いのを陰線といいます。また安値と高値は上下に突き出したヒゲと呼ばれる線で表します。また、ローソク足には日足、週足、月足、年足などの種類があります。

〈移動平均線〉

株価チャートでローソク足とともに表示されることが多い、チャート上の折れ線グラフ状の「移動平均線」。一見難しそうに見えますが、株価の流れやトレンドの転換点を見つけるのに最適な要素なので、これから株を勉強したいなら、ぜひ見方や使い方をおさえておきたいところです。

移動平均線は、短期・中期・長期の3パターンに分

5日移動平均線の算出方法

株価の終値

1日目	2日目	3日目	4日目	5日目	6日目	7日目
1,570	1,510	1,532	1,575	1,500	1,435	1,458

移動平均値

1～5日目の平均	2～6日目の平均	3～7日目の平均
1,537	1,510	1,500

この数値を結んだものが移動平均線

類されます。

それぞれ、僕は短期（5日）・中期（25日）・長期（75日）の設定で使用しています。

例：短期（5日）移動平均線の場合

直近5日の終値を合算し5で割ります。その数値を繋げたものが移動平均線です。

また、移動平均線の関係により局面を捉えることができます。

ポイントは短期（5日）移動平均線と中期（25日）移動平均線の関係性です。

・上昇局面（図A）

短期（5日）移動平均線が中期（25日）移動平

上昇局面（図A）

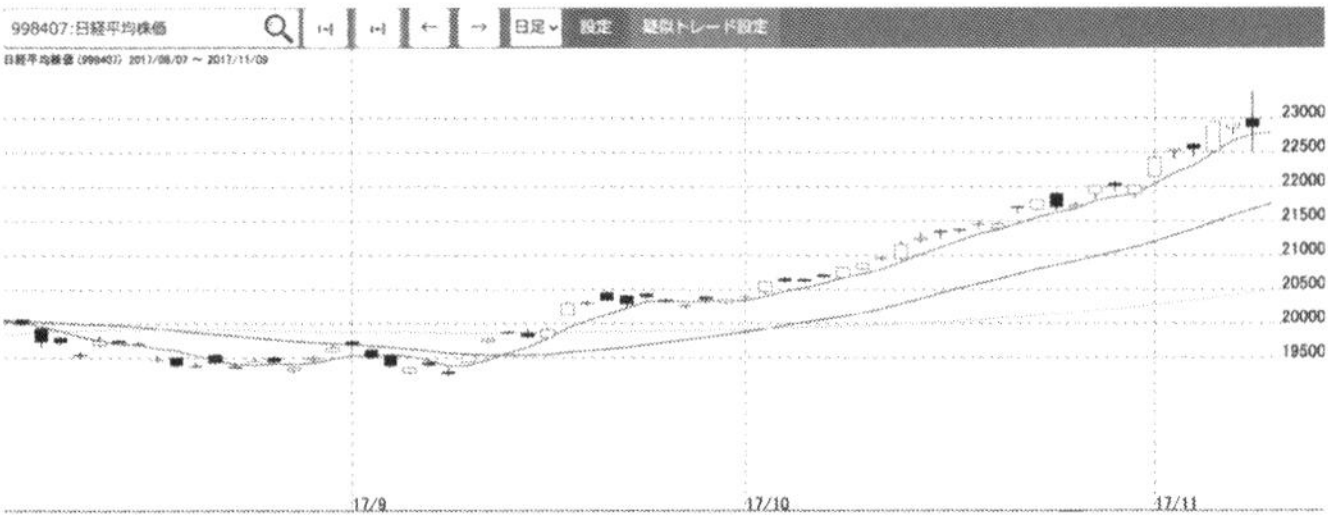

横ばい局面（図B）

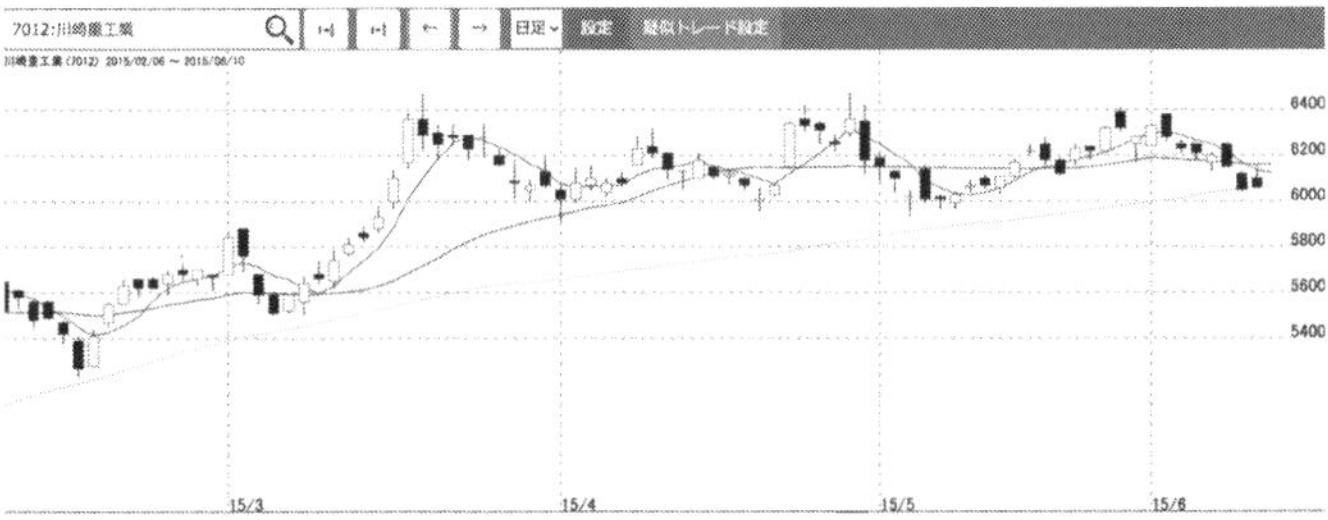

下落局面（図C）

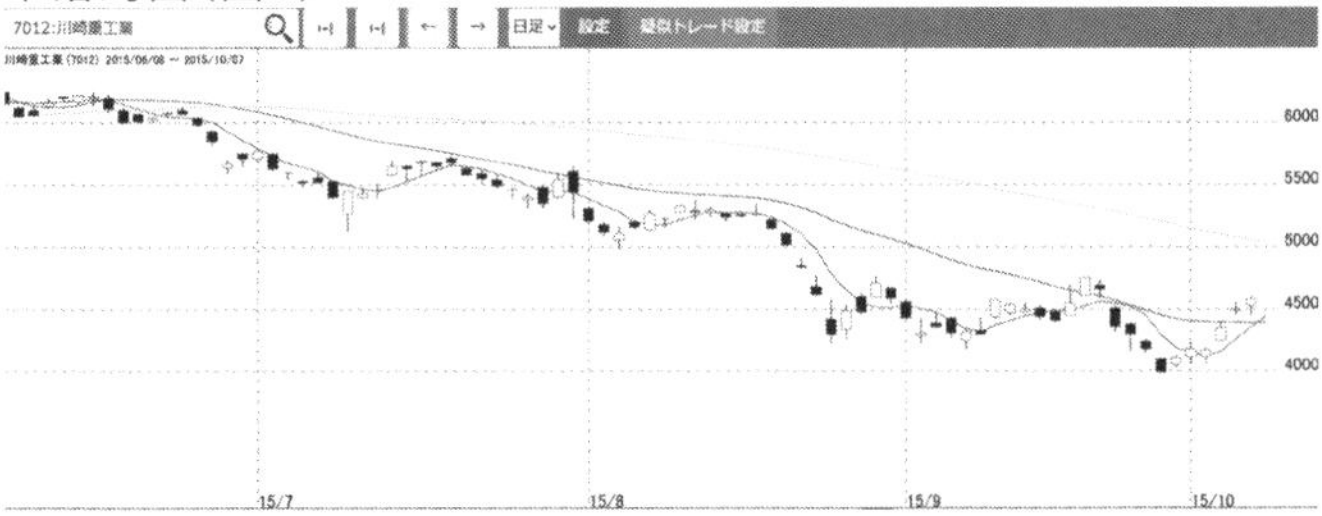

均線より上の位置にある時を上昇局面といいます。

・横ばい局面（図B）

短期（5日）移動平均線が中期（25日）移動平均線を上から割ったり、下から割ったりを繰り返している状態を横ばい局面といいます。

・下落局面（図C）

短期（5日）移動平均線が中期（25日）移動平均線の下の位置にある状態を下落局面といいます。

ここまで、株価チャートの見方や、基本的な使い方を解説しました。株価チャートは、あなたが気になっている銘柄が「買いのタイミング」か「売りのタイミング」かを判断する際に役立つものです。

株価チャートの見方を学び、しっかりと勝てる投資家を目指していきましょう。

明日以降、株価が上がるか下がるかを判断する重要なサイン（5つの目印）

ここからは、僕が使っているテクニカル分析の中で特に重要な5つの目印を紹介します。平日5日間の14：30から15：00の30分の間に、僕がトイレに駆け込んでチャートを見る際はこれから紹介する5つの目印に注目して考察しています。明日から使えるサインです。是非あなたの参考にしてください。

〈基本となる目印〉

①高値と安値（図1）

「高値・安値はローソク足の終値で判断する」

高値は直近の陽線の終値で、安値は直近の陰線の終値でラインを引くと分かりやすいです。チャートから読み取るサインとして、前の高値を越えると上がるサイン。前の安値を下回ると下がるサインであると考察することができます。

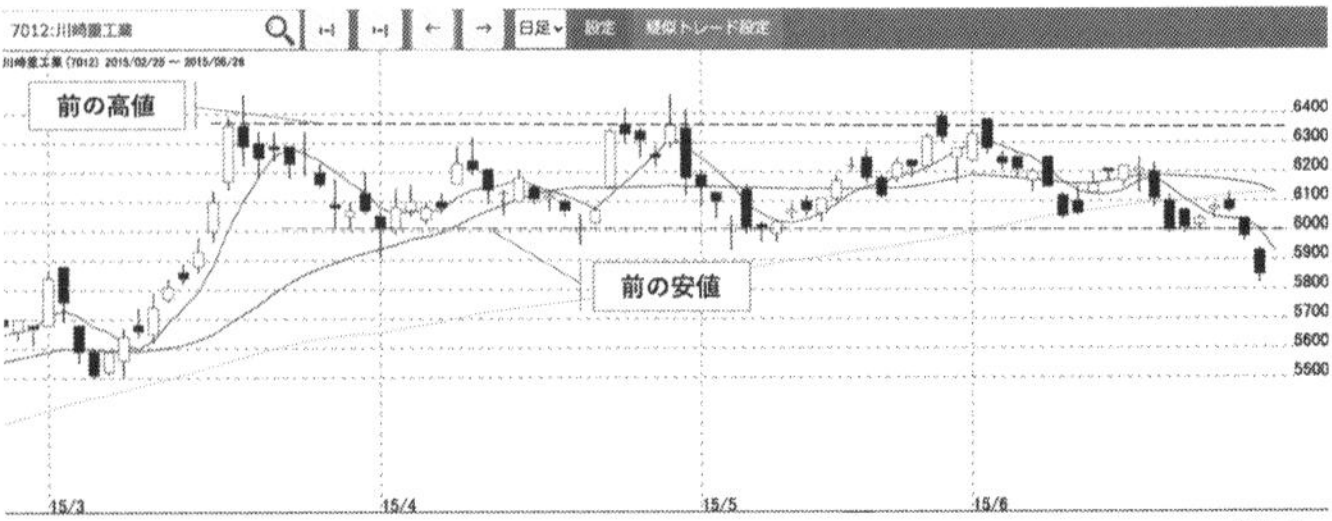

図1

横ばいのあとには上昇か下落トレンドがくることが多い

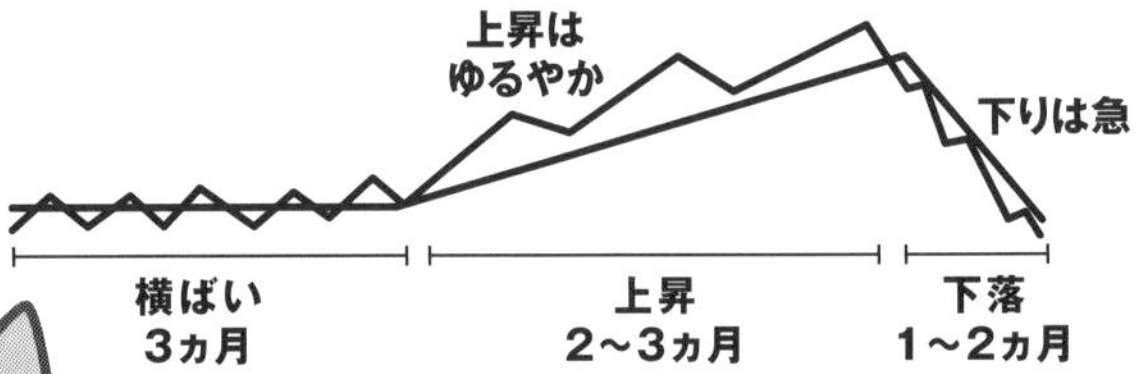

図2

②周期（図2）

(1)株価は「横ばい」→「上昇」→「下落」という周期を繰り返しています。もちろん例外もありますが原則としてはこの流れが多いということをまず頭に入れておいて下さい。

(2)そして、横ばいが3ヶ月以上続くと、上昇か下落に推移しやすいという特徴がありますので、横ばいを見つけた時はその後の上昇か下落の利益を取ることができるようになっていきます。

(3)どの銘柄も下落する時のスピードは早く、上昇のスピードは遅い傾向があり

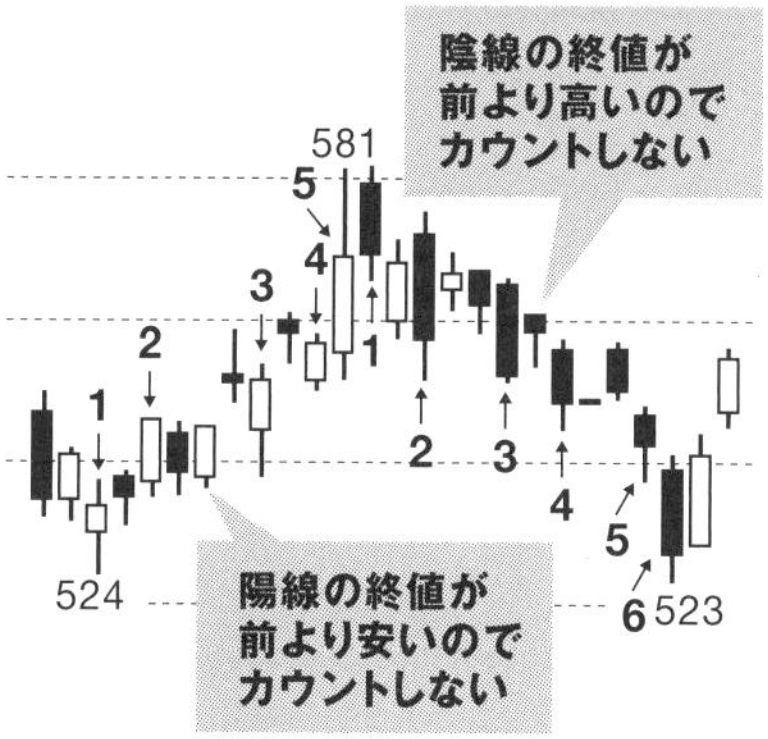

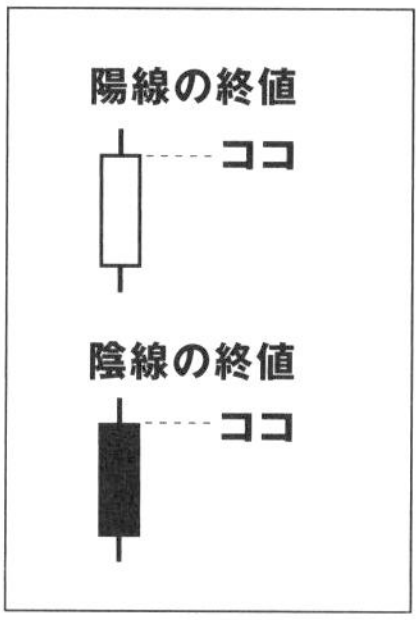

ます。2〜3ヶ月かけてゆるやかに上昇するのに対して、下落する時はジェットコースターのように1〜2ヶ月で急に落ちていくことが多いです。

③新値更新

株価が天井圏か底値圏かを見極めるには、新値更新を活用します。

世の中にはずっと上昇し続けたり、下落し続けたりする株は存在しません。

やがては天井や底に当たって止まります。

誰もが、安いところで買いたい、高いところで売りたいと思いますよね。しかし、どこが安いところか？ 高いところか？

おおよその目安があると分かり易いですね。

株価には3つのトレンドがある

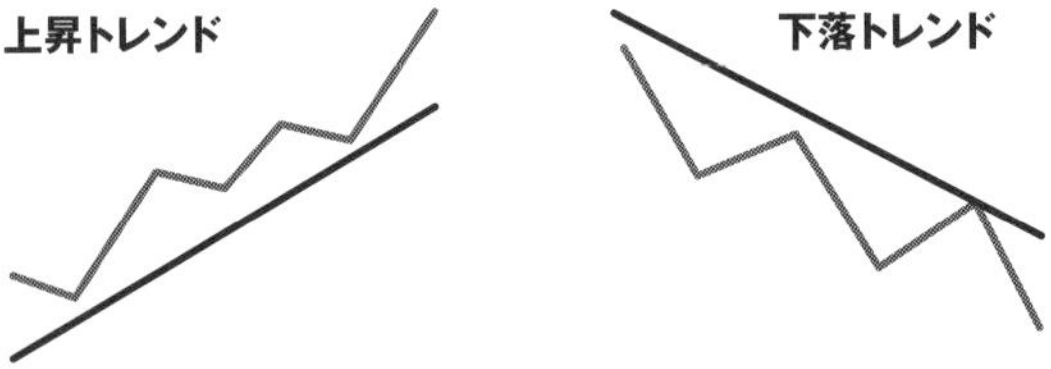

上昇トレンドは、短期移動平均線が中期移動平均線の上にあって上向きに

下落トレンドは、短期移動平均線が中期移動平均線の下にあって下向きに

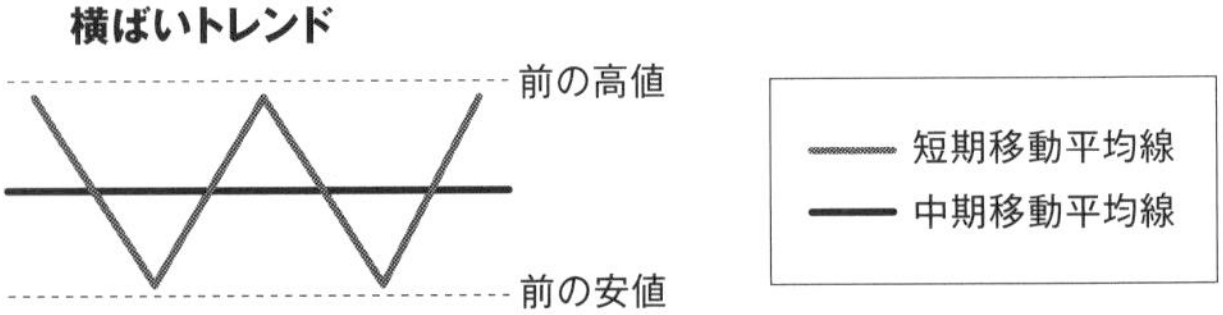

横ばいトレンドは、中期移動平均線を短期移動平均線が
抜けたり下がったりしながら、前の高値・安値を超えられない状態。
中期線はあまり傾斜がなく、比較的なだらか

そこで紹介したいのが、新値更新です。

新値更新を数える場合、陽線の時には終値が前よりも高い日をカウントし、陰線の時には終値が前よりも安い日をカウントします。(終値が前と同じ日はカウントしません)

重要なのが、新値更新5日目以降に反対のローソク足が出たところで売買の判断をしていきます。

④移動平均線

株価には3つのトレンド

1 **株価が2〜3桁であれば、**
10円、50円、100円、500円…

2 **株価が4桁であれば、**
1,000円、3,000円、5,000円…

3 **株価が5桁であれば、**
10,000円、30,000円…


（上昇、下落、横ばい）があります。

移動平均線の関係性を読み解くことができれば、トレンドに合わせたトレードができるようになります。

移動平均線については、3章でも記述していますが、短期移動平均線と中期移動平均線の関係性について復習していきましょう。

⑤節目
一般的に、500円、1000円、10000円といったキリ良い数字を節目と呼びます。

これらの数字が投資家に意識される節目として挙げられます。では節目が意識されることによって株価はどのように動くのでしょうか？株価の節目では活発な売買が行われることが多いので次の事がいえます。

・株価の節目では株価が反発しやすい
・株価の節目をブレイクすると動きが勢いづくことが多い
そして、この事からいくつかの売買のパターンが考えられます。
(次に例として挙げる4つは、いずれも銘柄を保有していない状態が前提となります。)

〈エントリー時における判断として〉
・下落時に株価の節目で買う（逆張り）
・上昇時に株価の節目をブレイクしたら買う（順張り）
・下落時に株価の節目をブレイクしたら売る（順張り）
・上昇時に株価の節目で売る（逆張り）

このようにトレーダーにとって株価の節目は売買を判断する時の目安になります。

そして、他の目印と照らし合わせることで、より信頼できる売買の目安になります。
取引する時はチャートを確認しながら、株価の節目を意識しておくことが重要です。

ここでは、基本となる目印5つをご紹介しましたが、いかがでしたでしょうか？5つの目印を覚えるだけでも、これらを掛け合わせて投資判断することで勝率が上がっていきます。

実際のトレードでは、**目印が3つ以上揃った時にはじめて売ったり買ったりを考えます**。前の高値を抜けたから買う、これだと1つしか目印がありませんので勝率が下がってしまいますので気をつけましょう。

この他にもまだまだ目印は存在しますが、まずはこの5つの条件を理解した上でチャートと向き合ってみましょう。

最初は難しく感じられるかもしれませんが、慣れていくとそうでもありません。基本となる目印を活用したトレード手法は決して「偶然」や「まぐれ」ではなく、しっかりとした根拠に基づいているので非常に「再現性」が高く、きちんと学習と訓練をすれば、誰でも同じような投資判断の基準や株式投資で勝てる価値観を持てるようになります。

株式投資の経験者の方はもちろん、未経験の方でも0から学ぶことができます。

明日から使える2つのウルトラテクニックの紹介

本書に書くかどうか迷ったのですが、せっかくこの本を手にとってくださったあなたにとっておきのトレードテクニックを2つお教えしましょう。

その名も「中期移動平均線折り返し」と「3ヶ月以上ぶり（久しぶり）の長期線」です。

①世界一かんたんな売買ポイント「中期移動平均線折り返し（初手）」の術

中期移動平均線折り返しは2パターン存在します。それが買いパターンと売りパターン。もちろん勝率は100%ではありませんがこれがテクニカルトレード応用の第1歩となります。

僕の人生初のトレードは、中期移動平均線折り返しの買いパターンでした。初心者

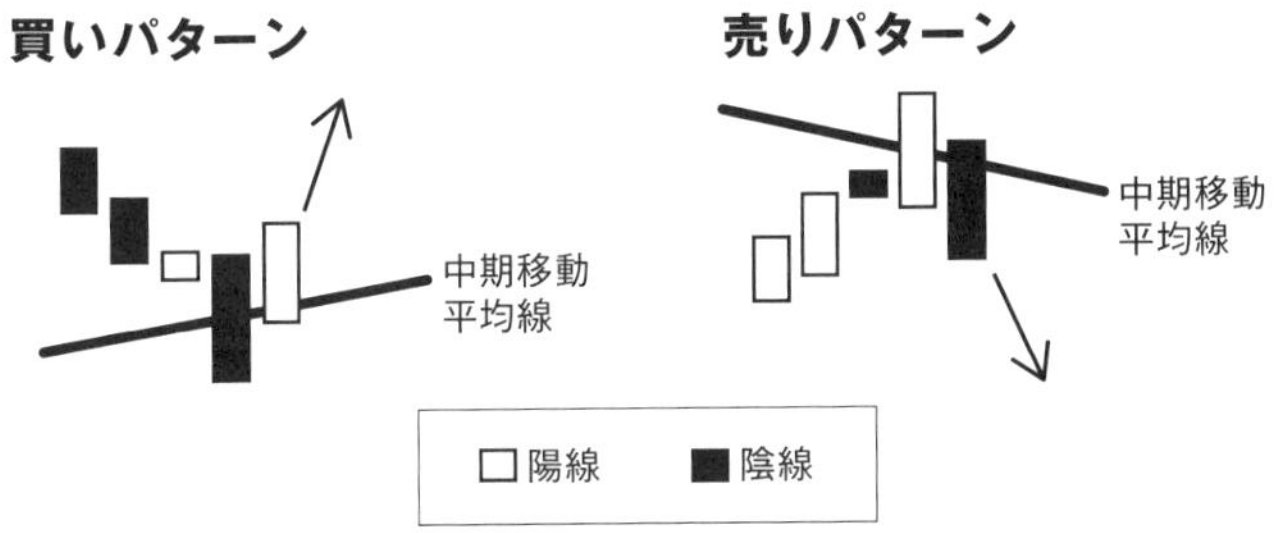

向けであり、かつ必殺技ともいえるこのテクニックを習得するだけで色々とトレードできるようになります。本番が怖いという方は、疑似トレードで試してもらっても結構ですし、小額であれば実弾を投入してもストレスが低いと思います。日本史の年号や数学の公式を覚えるような感覚で丸暗記するだけのトレード手法になります。

手順を説明していきます。

買いの場合は、株価が中期移動平均線より上にあるとき、その移動平均線をまたぐように陰線でぶつかって陽線で折り返した時は買い。

陽線で折り返した際、前日の陰線の始値をその陽線の終値が越えていることを確認して当日の引け（14：30〜15：00）までに注文を入れます。その後は、陰線が出たら手仕舞い。陰線が出なくても、3日以内に手仕舞います。売り

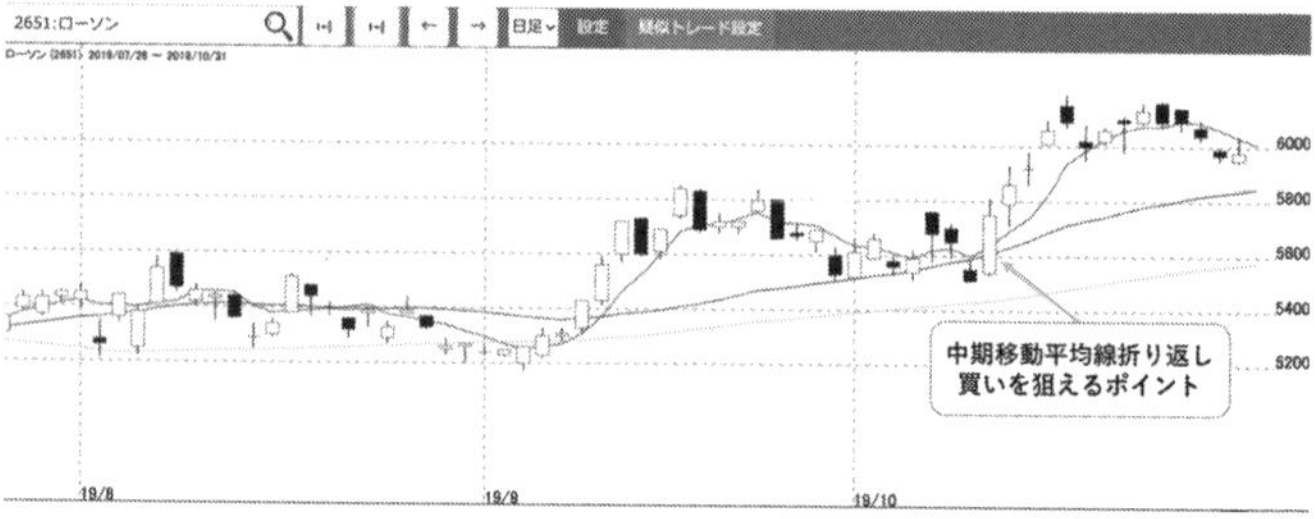

図1

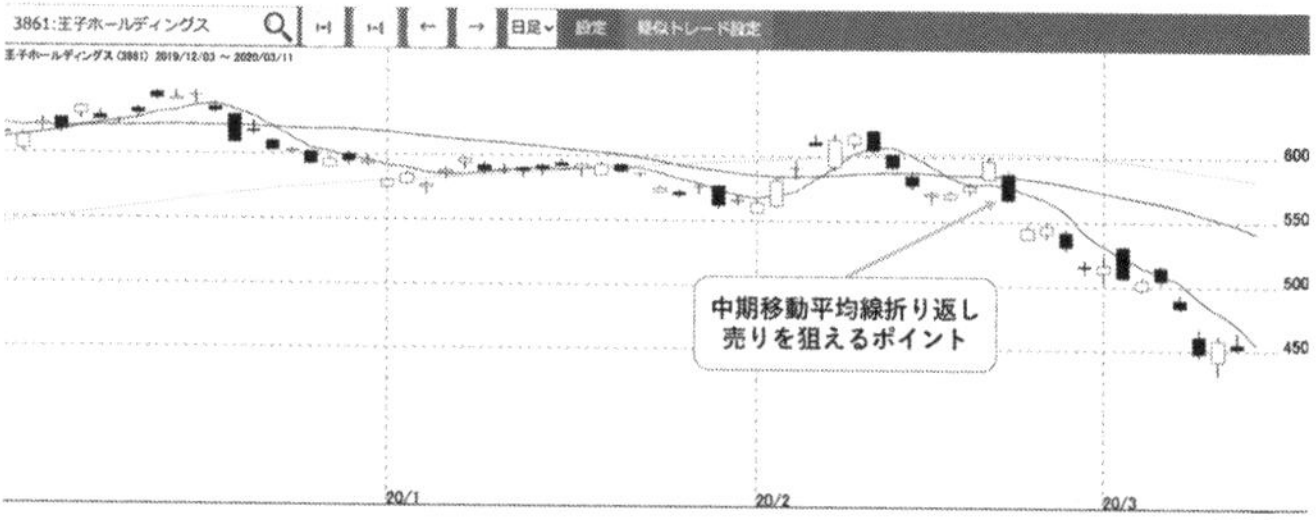

図2

の場合はこの逆の手順になります。

初心者の方でもすぐに覚えられる手法なので、中期移動平均線折り返しを「初手」とも言います。初手とは、将棋や囲碁で指す最初の一手のことです。

まずは典型的な初手の例を見て学んでいきましょう。

〈買いパターンの参考チャート〉図1

「トレンドに合った局面であれば勝率アップ」

3本の移動平均線の関係性に注目して、上から短期線＞中期線＞長期線の順で形成されているチャートの局面は、上昇局面です。上昇局面中や初動を捉えた場面での初手の買いパターンは勝率が高いです。

つまり、この中期移動平均線折り返しでは移動平均線の順番や傾きも大切だということです。

〈売りパターンの参考チャート〉図2

3本の移動平均線の関係性に注目して、上から長期線＞中期線＞短期線の順で形成されているチャートの局面は、下落局面ですね。下落局面中や初動を捉えた場面での初手の売りパターンは勝率が高いです。

〈長期線と中期線の間に短期線がある時の勝率は低い〉図3

注意していただきたいのは、中期線と長期線が上下にもつれあう形になって、株価がその間を行ったり来たりしている（反発）状況は勝率が低くなるため狙わない方が良いです。

図3

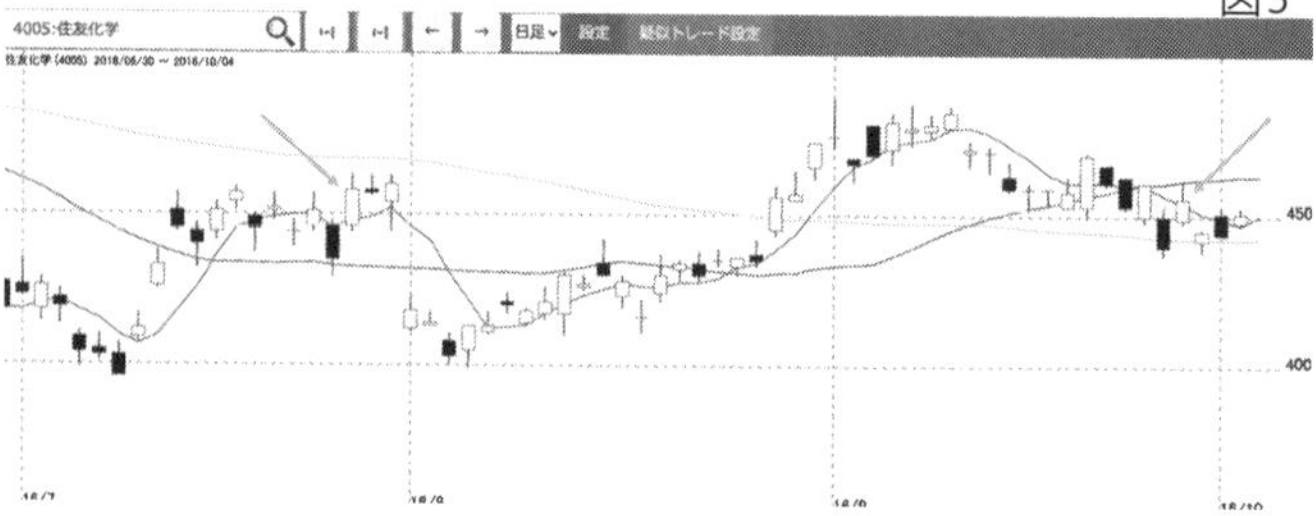

〈初手の勝率はやや低め。数をこなして利益をコツコツと〉

中期移動平均線折り返しの術は、初心者の方にとっては丸暗記項目なので機械的なトレードになります。

初手が発生したというだけで使用すると、勝率は60％程度で半分以上勝てれば良い方です。では、いかにして勝率を高めていくのか。それは、基本となる目印を掛け合わせて条件が3つ以上成立しているポイントに絞ってトレードすることです。

このテクニックだけ使って勝率60％と聞くと、「え、少ない」「100％じゃないの?」などと聞こえてくるかもしれませんが、初心者が何も考えずに丸暗記しただけのトレードで勝率60％は普通に考えてすごいことなのです。勝率が50％を越えているので論理的には資金がマイナスになることはありませんし、むしろコツコツと資産を増やしていけます。また、工夫す

図4

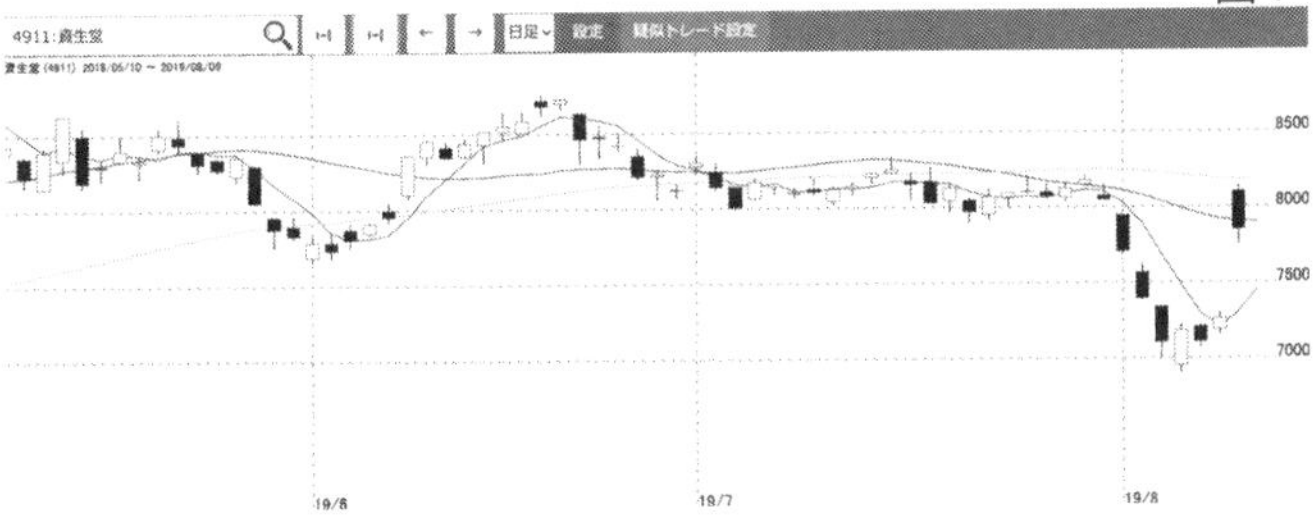

ることで年間10％以上の利益を上げることも可能になります。株式投資をデビューして、それなりに儲かって、かつ、株式投資に慣れてもらうにはぴったりのテクニックなのです。

〈初手の問題〉図4

では、ここで問題です。中期移動平均線折り返し（初手）が発生しているところを見つけてみてください。

〈答え〉

どうでしたか？ 見つけることができましたでしょうか。中期移動平均線に対して、下から陽線で抜けて、次の日に陰線で折り返したところです。慣れると一瞬で発見できるようになりますので、色んな銘柄で探してみてください。

いかがでしたでしょうか？ 結構いろんな銘柄で発生してい

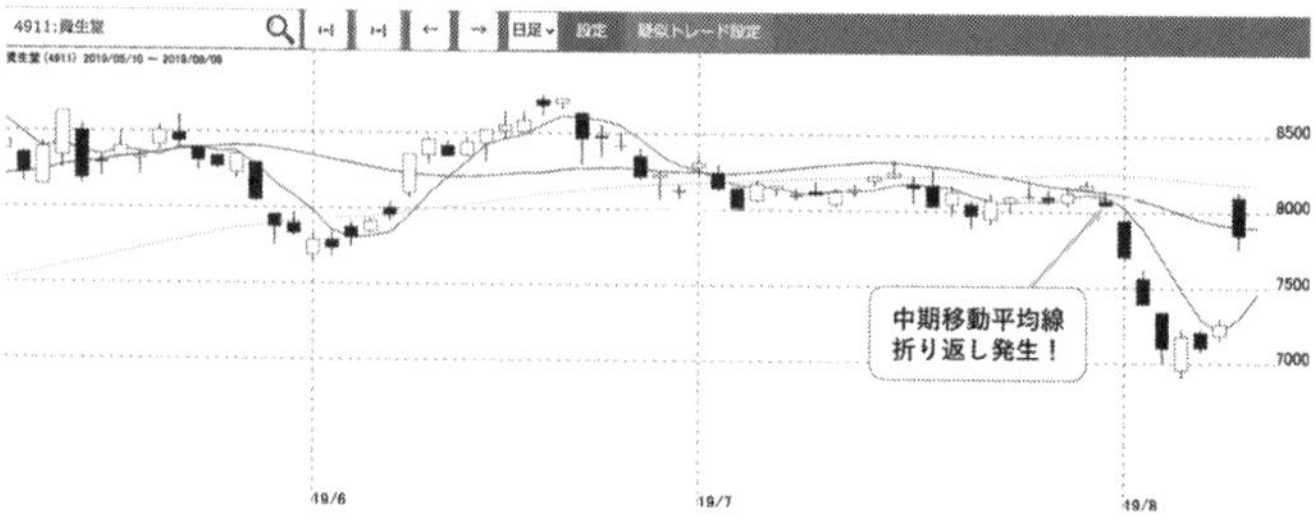

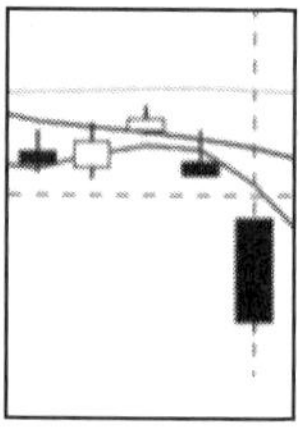

ますので、見つけてみてください。この技の本質は、株価が中期移動平均線にあたった時に反発しやすいという性質をうまく利用したものになっています。

②「3ヶ月以上ぶり（久しぶり）の長期線」

続いてご紹介するのが、「3ヶ月以上ぶり（久しぶり）の長期線」です。

株価が長期移動平均線に対して、3ヶ月以上あたっていない状態が続いた時、久しぶりに株価が当たると反発したすい特徴をうまく活用していきます。これはそう頻繁には発生しませんが、精度も高く初心者の方にもとても見つけやすいものになっています。まずは参考チャートで覚えて、実践でも探してみてください。

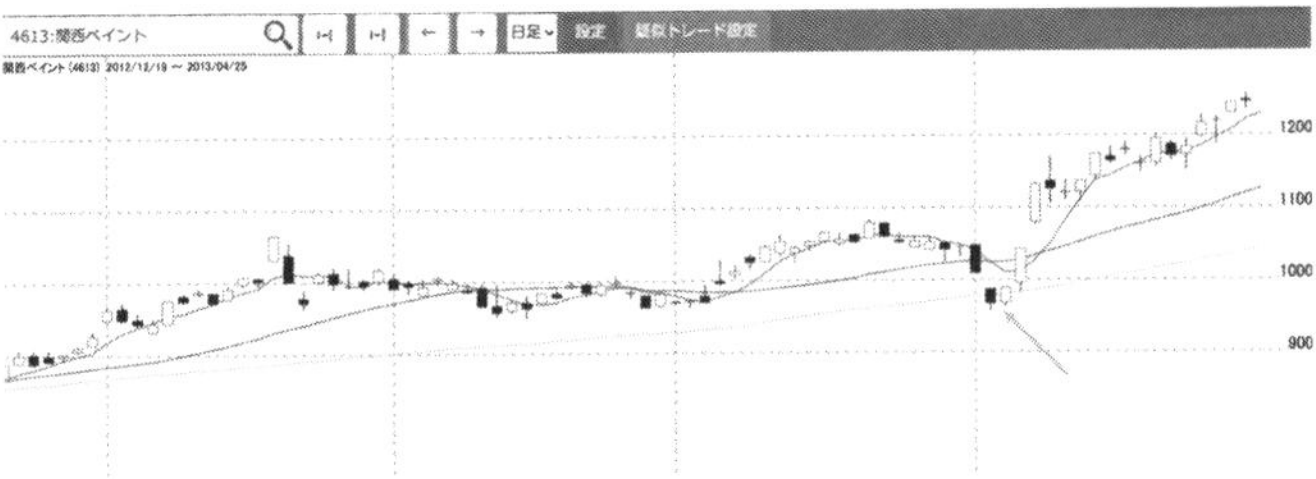
4613:関西ペイント
日足
設定
疑似トレード設定
関西ペイント(4613) 2012/12/19 ~ 2013/04/25
1200
1100
1000
900

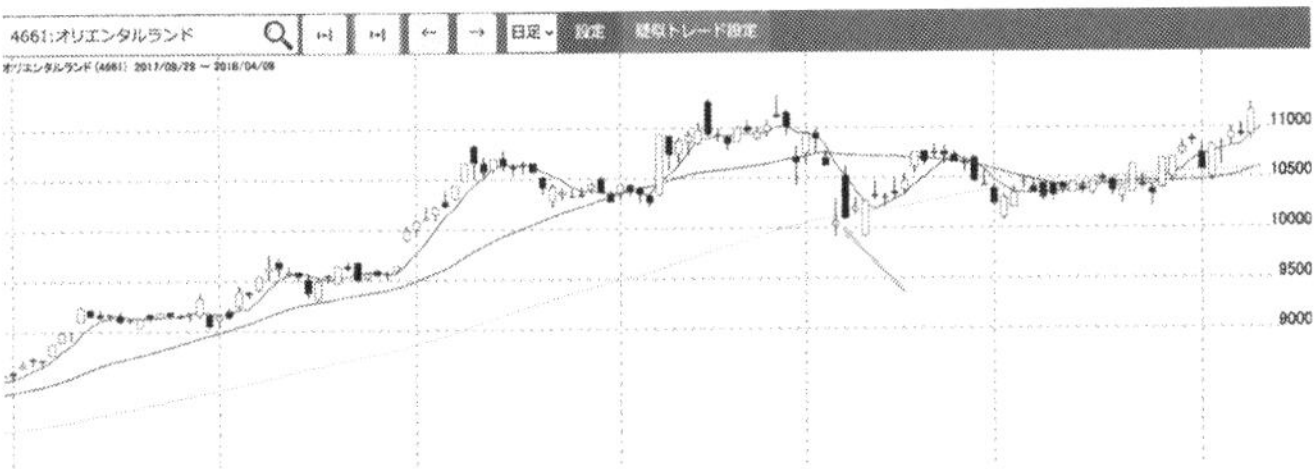
4661:オリエンタルランド
日足
設定
疑似トレード設定
11000
10500
10000
9500
9000

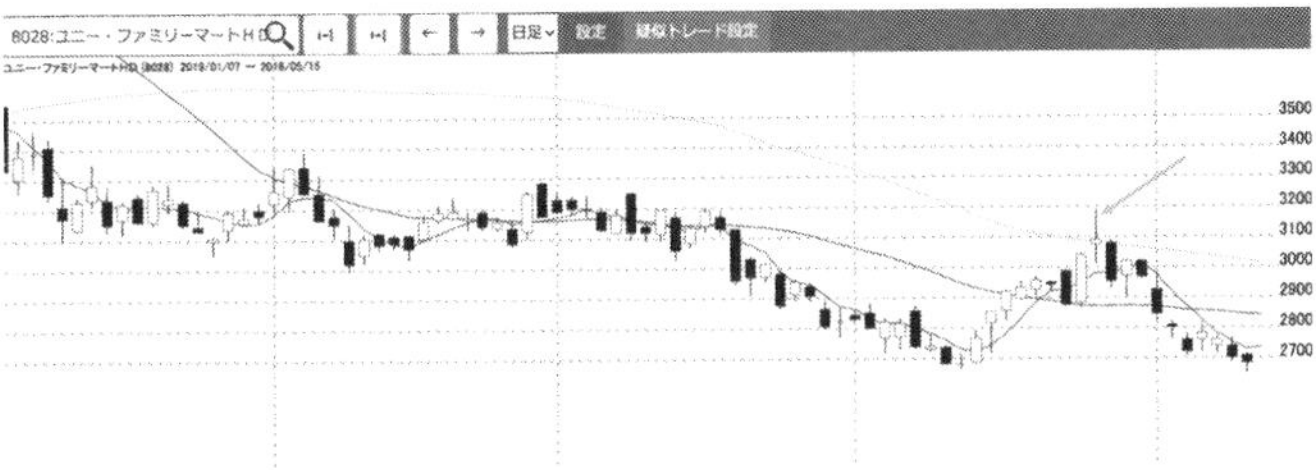
8028:ユニー・ファミリーマートHD
日足
設定
疑似トレード設定
3500
3400
3300
3200
3100
3000
2900
2800
2700

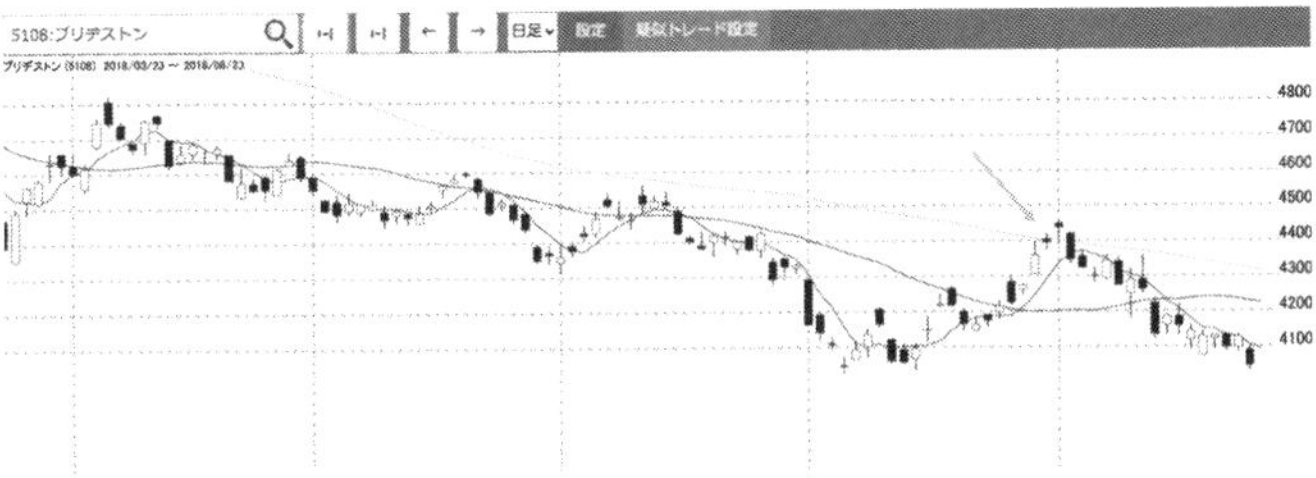
5108:ブリヂストン
日足
設定
疑似トレード設定
4800
4700
4600
4500
4400
4300
4200
4100

ポイントとしては、株価がずっと上昇、もしくは下落してきたチャートを見つけたら観察してみてください。このテクニックは、株価のタッチが久々であればあるほど勝率がアップします。

「中期移動平均線折り返し（初手）」の術では、株価が中期移動平均線に対して折り返すかどうかに着目したテクニックでしたが、長期移動平均線でも同じように成立します。

「3ヶ月以上ぶり（久しぶり）の長期線」だけよりも、複数のテクニックを掛け合わせることで勝率を高めていけます。そのため、「3ヶ月以上ぶり（久しぶり）の長期線」・「中期移動平均線折り返し（初手）」・「節目」・「新値更新」こういった条件が重なると、より勝ちやすくなるのです。

第5章

テクニック実践編

チャートクイズで自分の運用能力を試そう！Q1～Q8

僕はトレードをする時は、基本となる目印が3つ以上揃った時でないと基本は売買しません。それらの条件から株価が上がっていくのか、下がっていくのかを予想することができてきます。反対に、条件が揃わなければ何もしません。「待つ」ことも立派な投資判断となるのです。これから8つのクイズを出題します。これまでに学んだことを踏まえて回答してみましょう。4章で学んだテクニックを活用しながらチャレンジしてみてください。それでは、早速いってみましょう！

Q1東京海上ＨＤ（８７６６）

このチャートで中期移動平均線折り返し（初手）がどこかで発生しています。どこでしょうか？

Q1

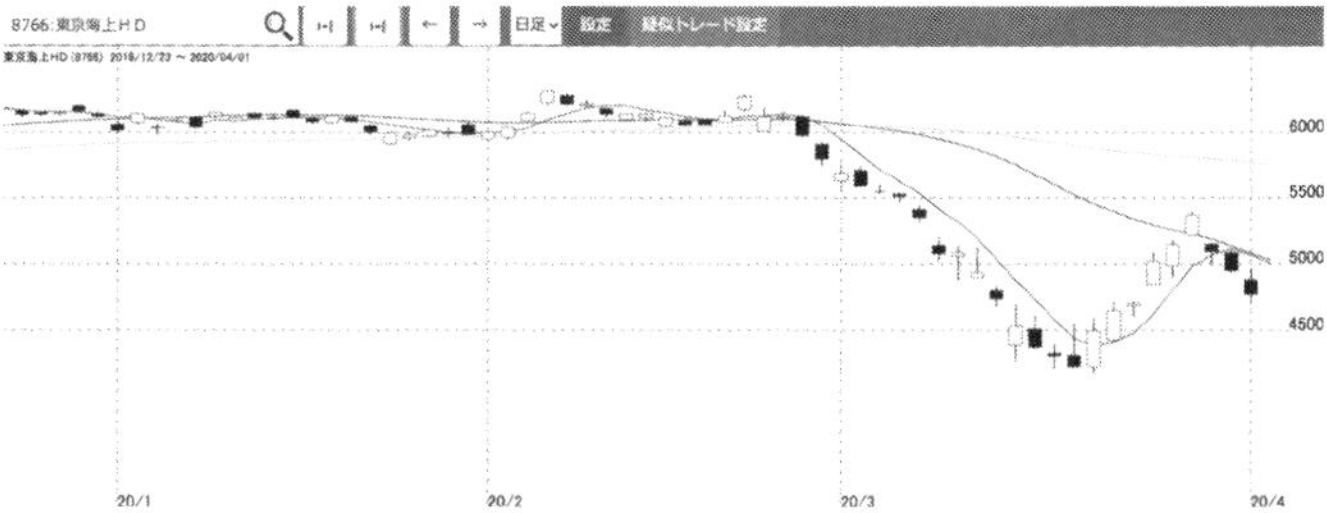
8766:東京海上ＨＤ
日足
設定
疑似トレード設定
6000
5500
5000
4500
20/1
20/2
20/3
20/4

むむむ…

A1

中期線に対して株価が下から越えて、翌日逆の色（陰線）で折り返していることがわかりますね。

さらに新値更新も5日あり、売りを狙うパターンとして参考になるチャートです。

Q2ソニー（6758）

このチャートで中期移動平均線折り返し（初手）がどこかで発生しています。どこでしょうか？

A1

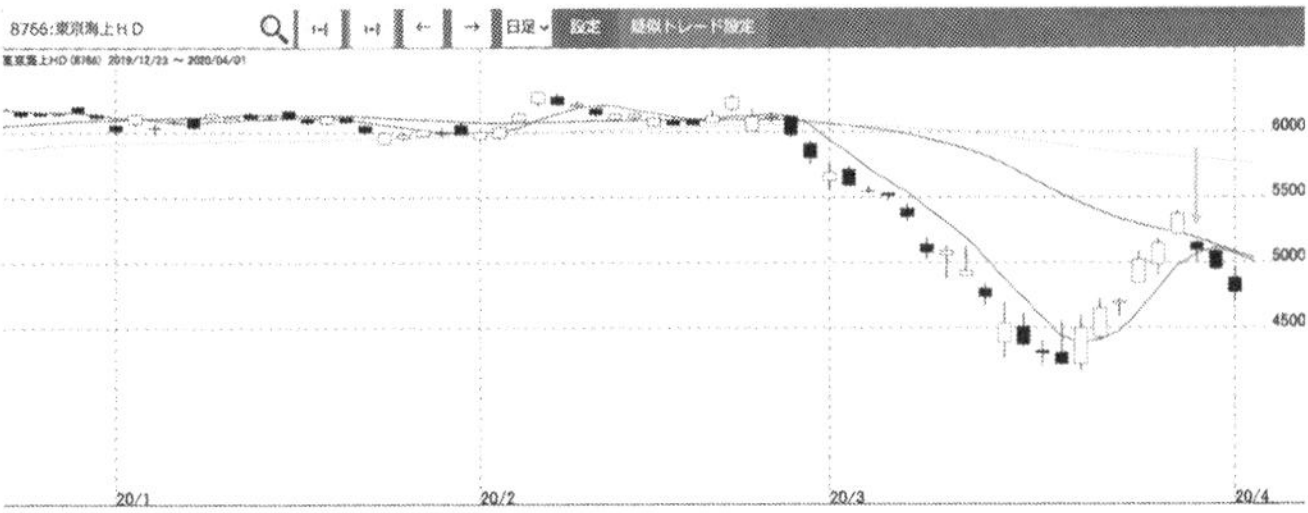
8766:東京海上ＨＤ
日足
設定
疑似トレード設定
6000
5500
5000
4500
20/1
20/2
20/3
20/4

Q2

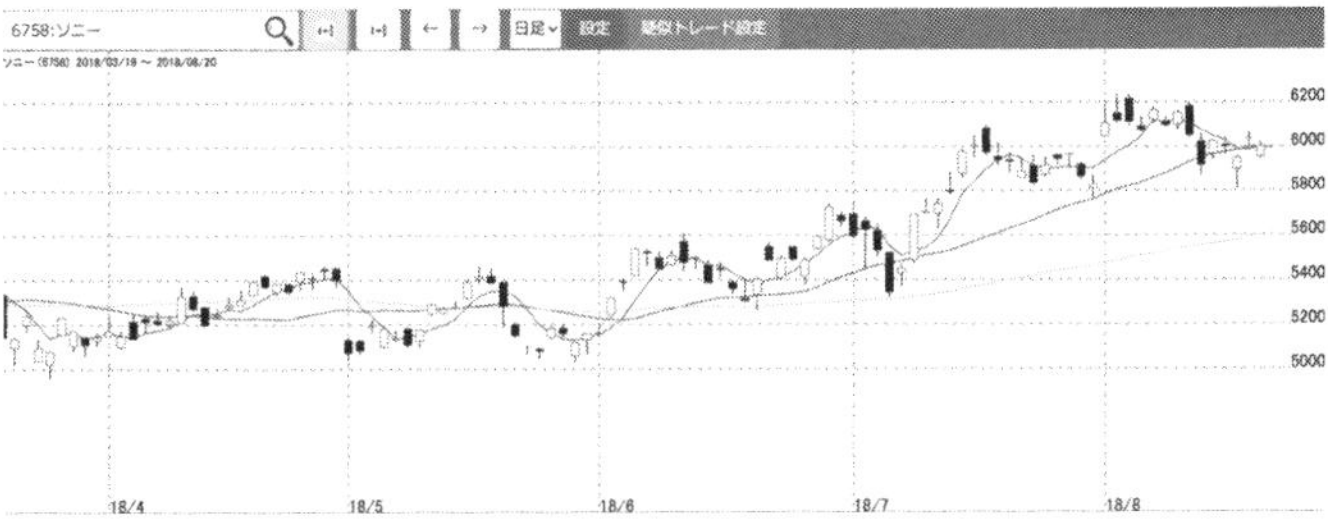
6758:ソニー
日足
設定
疑似トレード設定
6200
6000
5800
5600
5400
5200
5000
18/4
18/5
18/6
18/7
18/8

A2

中期線に対して株価が上から割って、翌日逆の色（陽線）で折り返していることがわかりますね。手前で横ばいが3ヶ月以上続いていて、これから上昇局面に入りそうな場面で初手が発生しました。買いを狙うパターンとして参考になるチャートです。

Q3 TOTO（5332）

2020年2月12日以降、株価は上昇、下落、横ばい、どのように動くと予想しますか？

A2

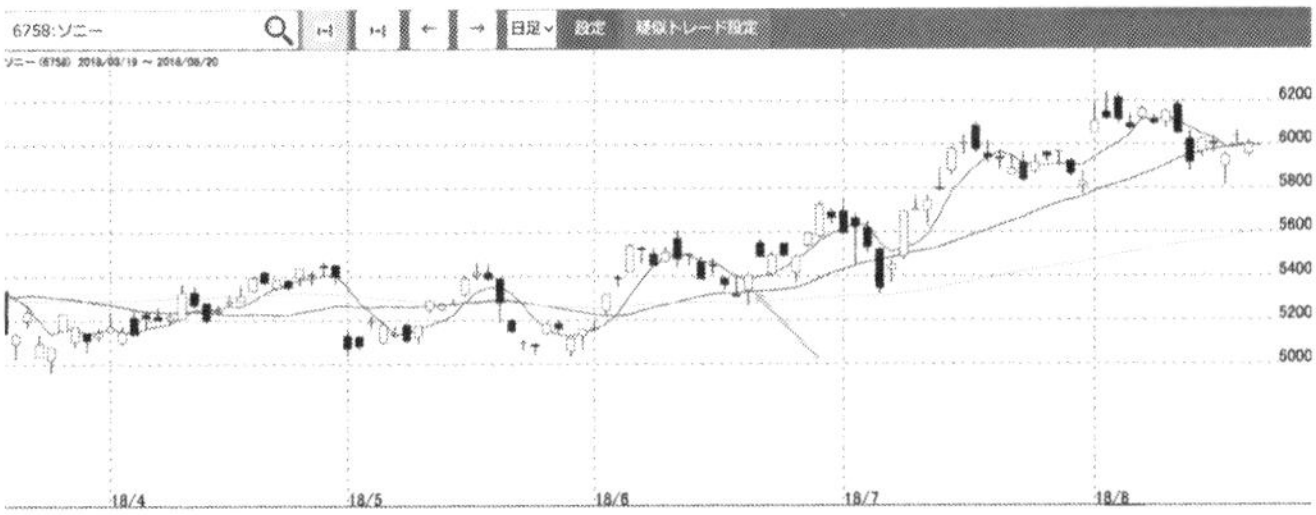
6758:ソニー
日足
設定
疑似トレード設定
ソニー (6758) 2018/03/19 ~ 2018/08/20
6200
6000
5800
5600
5400
5200
5000
18/4
18/5
18/6
18/7
18/8

Q3

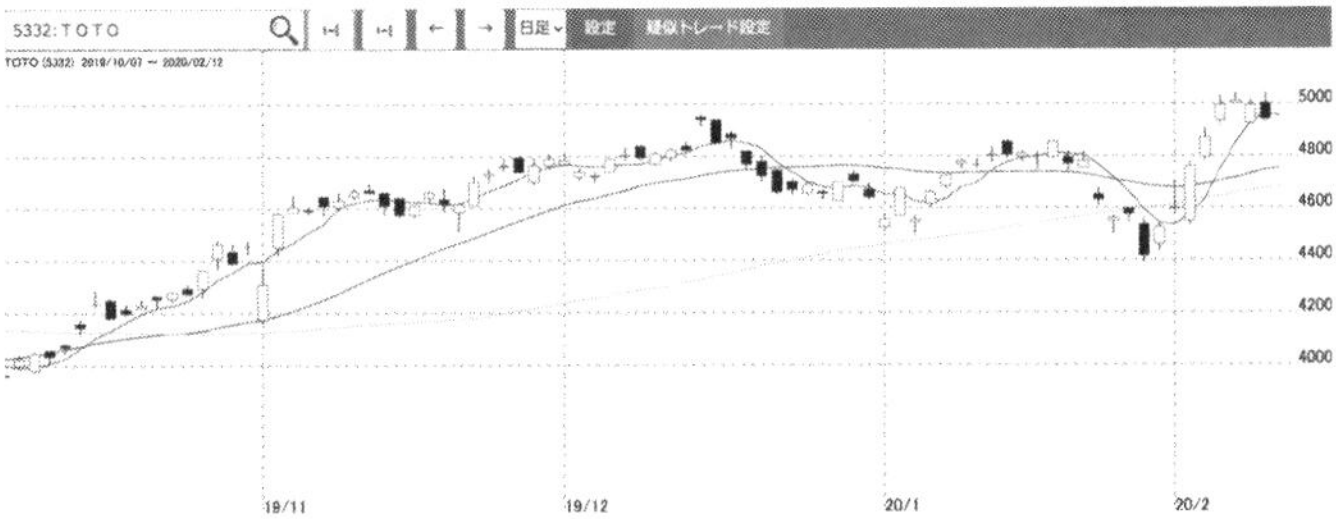
5332:TOTO
日足
設定
疑似トレード設定
TOTO (5332) 2019/10/07 ~ 2020/02/12
5000
4800
4600
4400
4200
4000
19/11
19/12
20/1
20/2

A3

正解は、下落です。

局面の転換を予想できるようになっていきましょう。条件は、新値更新、横ばいの上の方、5000円の節目、前の高値と3つ以上揃っています。さらに2月中旬からはコロナショックの後押しもあり大きな下落となりました。空売りができるようになると暴落相場でも利益を取っていけるようになります。

Q4 川崎重工（7012）

基本となる目印を活用して、どこでエントリーできるか予想してみてください。

A3

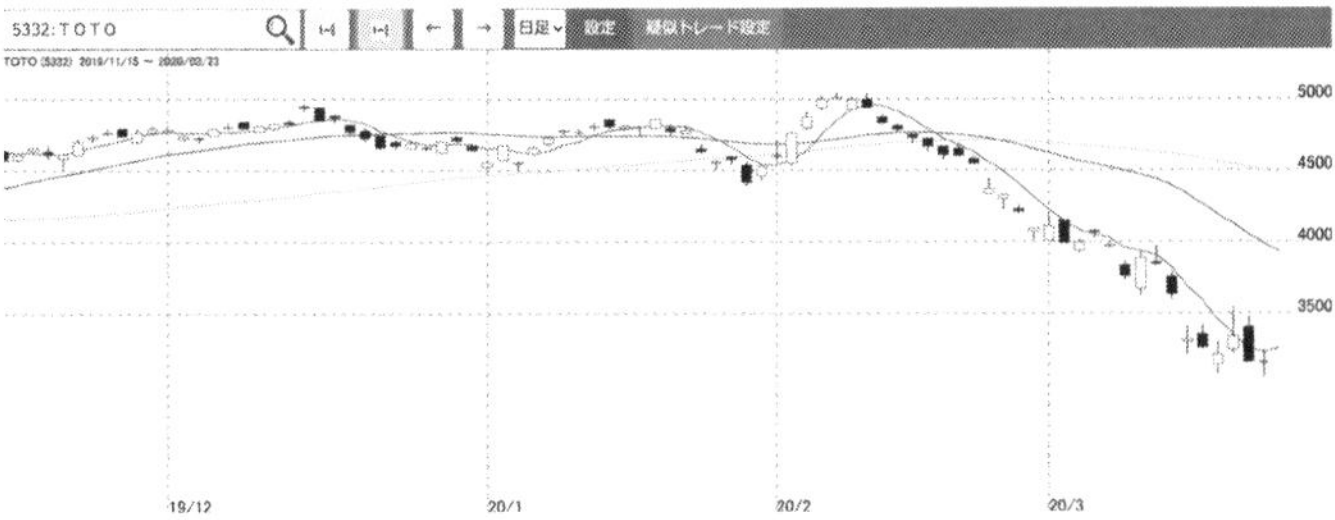
5332:TOTO
日足
設定
疑似トレード設定
TOTO (5332) 2019/11/15 ~ 2020/03/23
5000
4500
4000
3500
19/12
20/1
20/2
20/3

Q4

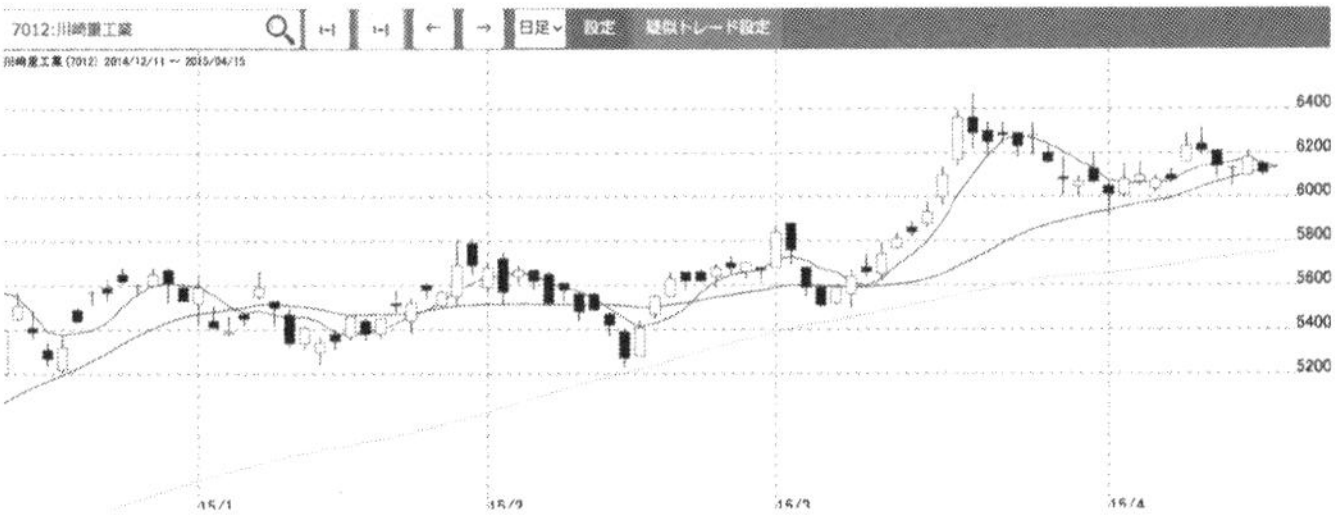
7012:川崎重工業
日足
設定
疑似トレード設定
川崎重工業 (7012) 2014/12/11 ~ 2015/04/15
6400
6200
6000
5800
5600
5400
5200
15/1
15/2
15/3
15/4

A4

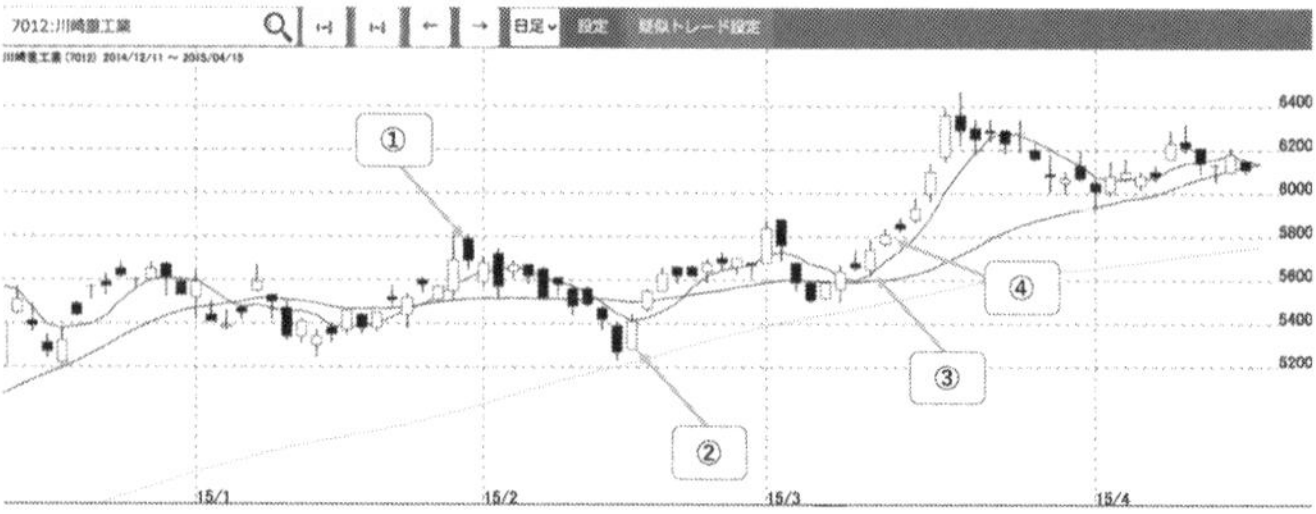

A4

①新値更新5日、前の高値に並んでいる、横ばい局面の上の方。

②新値更新5日、前の安値に並んでいる、横ばい局面の下の方。

③横ばいが3ヶ月以上続いた後、短期線が中期線を割らずに跳ね返している。

④③の条件に加えて、2回目となる5800円の高値のラインを越えようとしている。

Q5川崎重工（7012）

Q4の④でエントリー（買い）した場合、どこで利益確定しますか。

A5

答えはいくつかあるうちの2つを紹介します。

A5

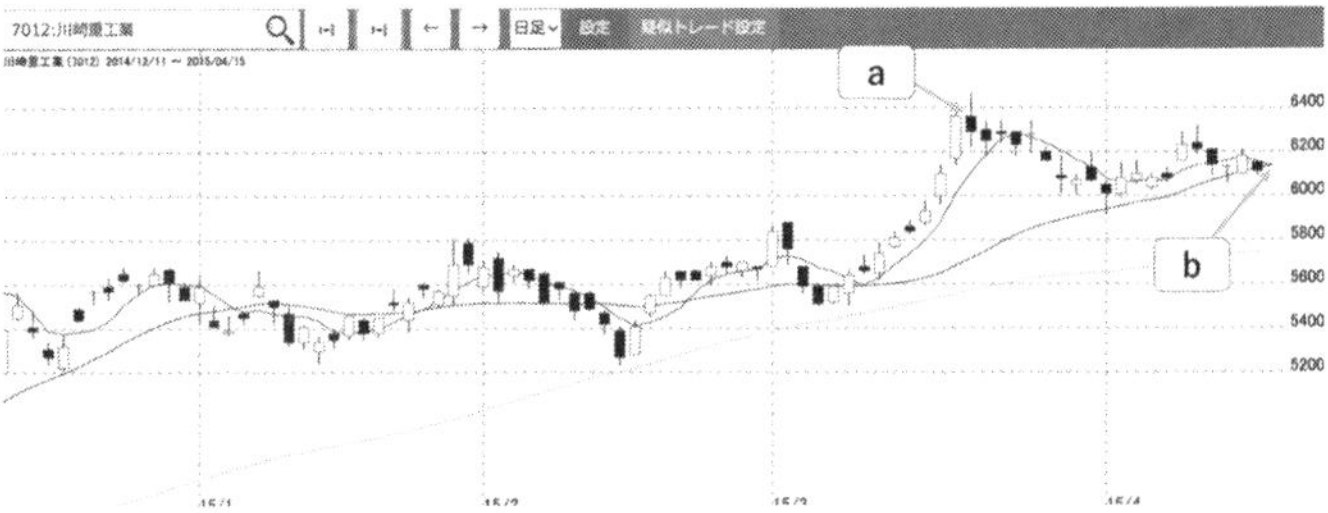

Q6

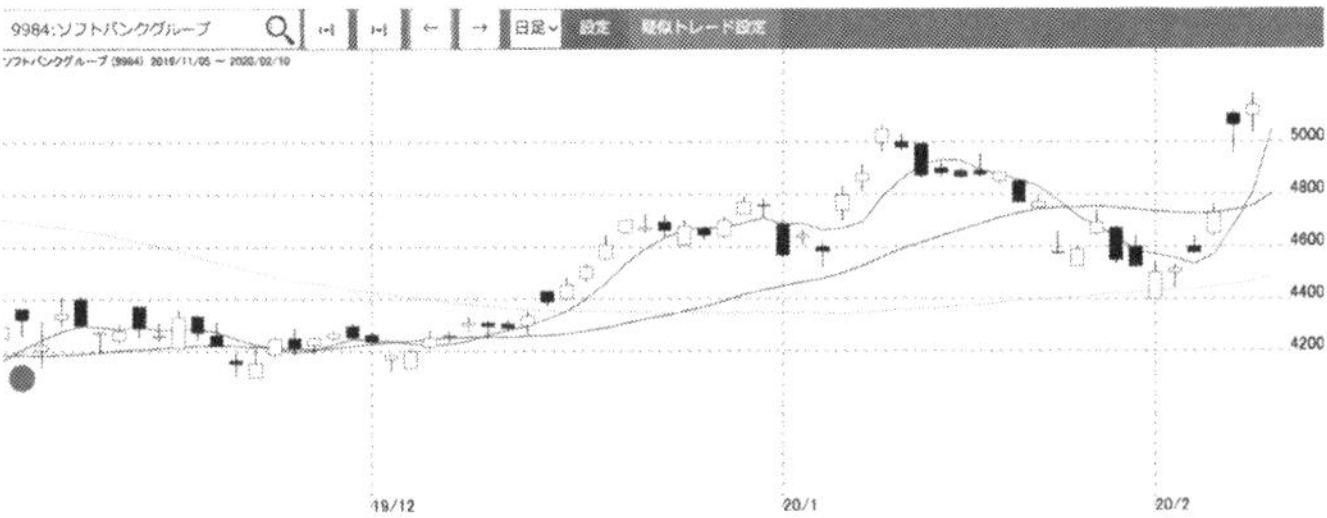

a. Q4の③のポイントで買いを入れた5600円付近の陽線から、新値更新を数えて5日以降に逆の色(陰線)が出たら利益確定をする。

b. 短期線が中期線を割る(上昇が終わる)まで保有する。

エントリーと同時に出口(利益確定)まで想定しておくことが非常に重要です。

Q6 ソフトバンクグループ(9984)

このチャートを見て、明日以降、株価が上がると予想して買いますか?

又は下がると予想して売りますか？

A6

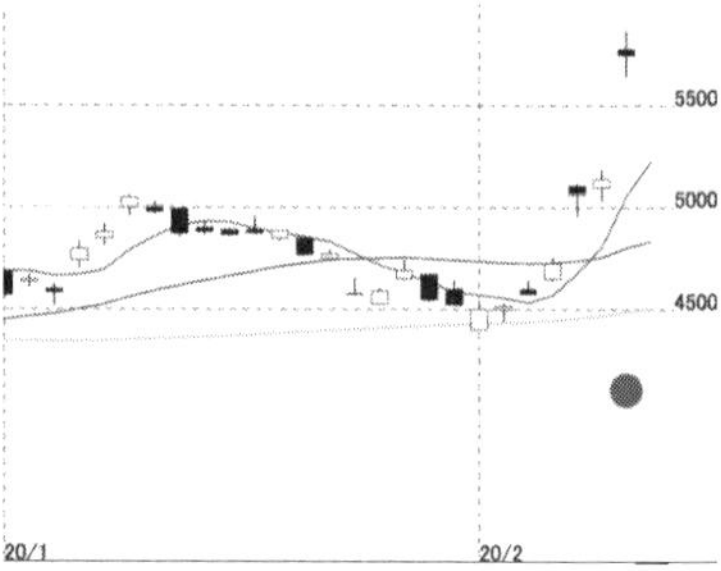

A6
正しい投資判断としては、「何もしない」が正解です。
少しいじわるな問題でしたね。ただ、投資をして資産運用していく上では非常に重要です。3章で決算は持ち越さないことについて読んでいただいた通りです。決算を持ち越すということはギャンブルと同じことなのです。決算トレードする前には必ず決算発表日を確認するようにしましょう。

Q7ピジョン（7956）
この暴落に出会った時、あなたならどうしますか？
①買う、②売る、③何もしない

Q7

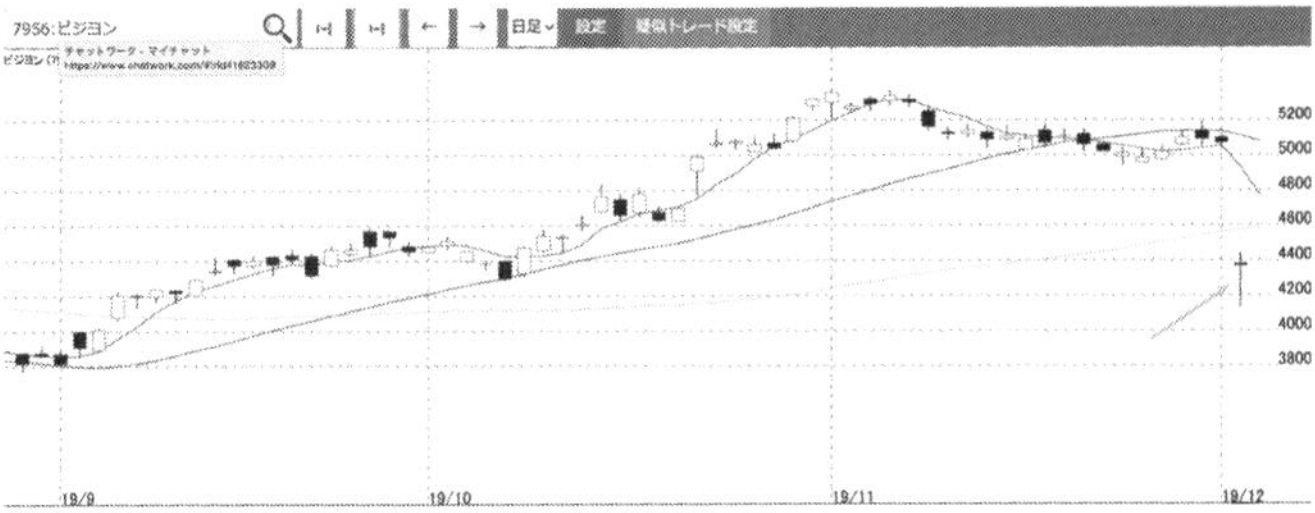

Q8

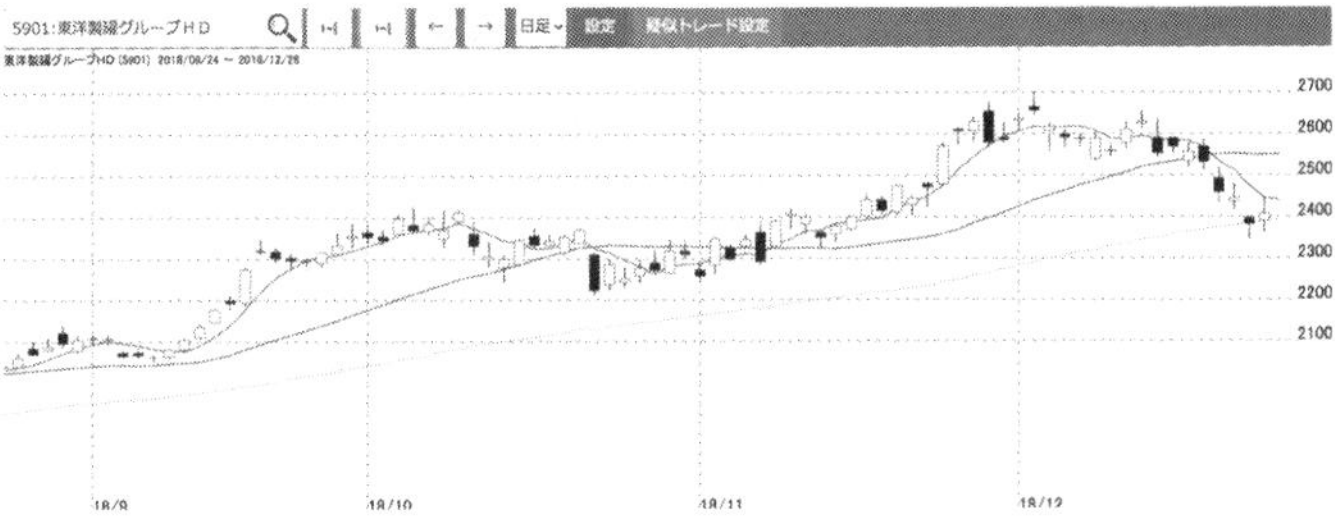

A7ピジョン（7956）

正しい投資判断としては、「買う」が正解です。

ただし1日限定でのトレードになります。朝一株価が安いところで買いを入れて、引けで利確します。

これはかなり高度なテクニックなので初心者の方には難しいですが、訓練すればやがてこういったトレードもできるようになります。

Q8東洋製罐グループHD（5901）

この後、2週間後、株価は上がる

A8

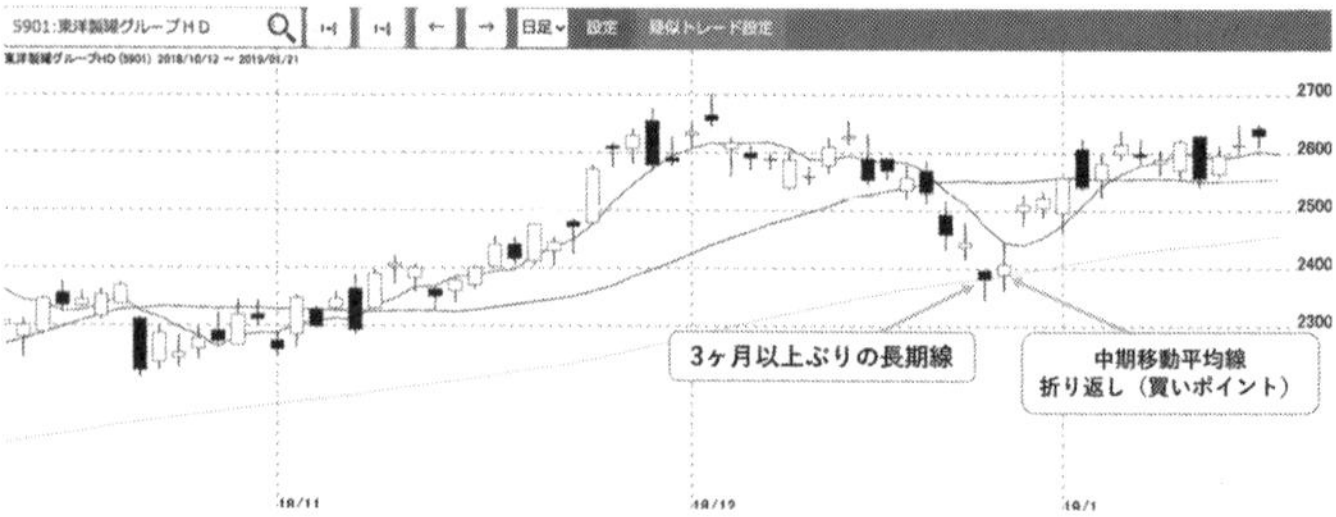

と思いますか？　下がると思いますか？

A8

正解は、「上がる」でした。

条件としては、中期移動平均線折り返し（買いの初手）、新値更新、節目、あと、久しぶりの長期線もありまして。

3ヶ月以上長期線に株価が触れていないと反発しやすいという性質があります。

第6章

番外編

老若男女が成功できる再現性の高さが魅力！
——ホストや女性事務社員など多数

本書で紹介したトレードテクニックで結果を出しているのは僕だけではありません。老若男女問わず結果を出しているので、何名か紹介させていただきます。

〈新宿歌舞伎町Ｎｏ１ホスト霧夜さん〉
未経験から株式投資を始めて、わずか2ヶ月で月利5％以上を達成！

〈25歳女性事務員Ｍさん〉
未経験で50万円から株式投資を始めて、5ヶ月で初トレードからいきなり1・8％の利益！

新宿歌舞伎町No1ホスト霧夜さん

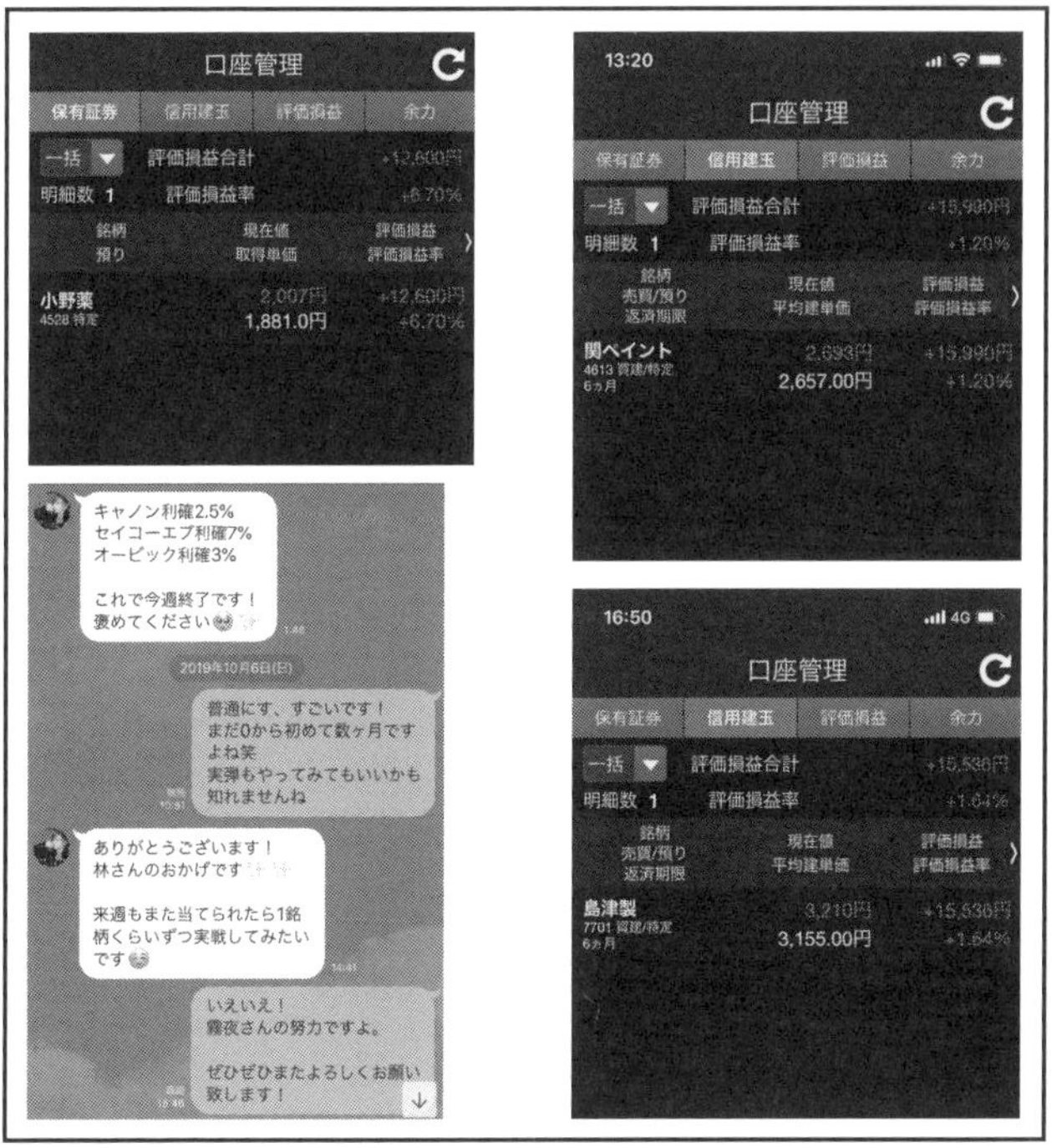

50代主婦M・Rさん

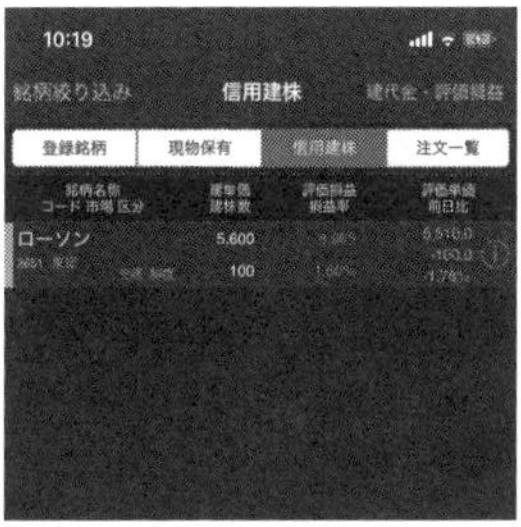

25歳女性事務員Mさん

30代 個人事業主T・Hさん

40代サラリーマンT・Nさん

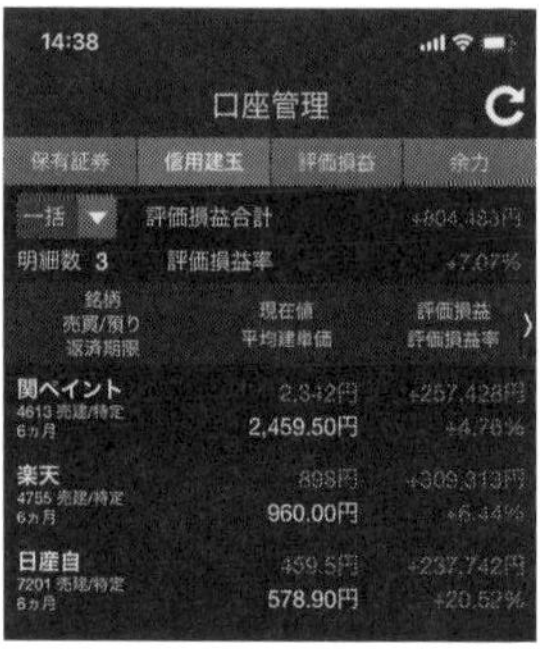

〈50代主婦M・Rさん〉

旦那さんの口座を引き継ぎ、塩漬け株をどうしたらいいか迷っていたところ、きちんと勉強してマイナスを返済できるよう実践中。人生初の空売り1日で約9000円の利益。

〈40代サラリーマンT・Nさん〉

2013年より不動産投資をスタートし、現在、アパート3棟22室（名古屋、千葉、大阪）を所有中。他には、都内新築アパート1棟を土地から仕込み↓売却までを一通り経験。資産拡大のため、株式投資にも挑戦し月に80万円ほどの利益を得ている。

〈30代個人事業主T・Hさん〉

広告代理店↓シェアハウス運営会社↓個人事業主、

現在は4足の草鞋を履く、パラレルワーカー。デザイン、ウェブ制作、ライティングが得意。投資歴10ヶ月の新米株式トレーダー（2020年4月の運用実績は利益12・5％）

いかがでしたでしょうか？今回登場していただいた方々は、みなさん未経験から株を始めて実績を出されています。

決して取り組んでいる人が特別だからではなく、取り組み方さえ間違わなければ誰でも利益をあげられるようになります。

僕がよく取引するオススメ銘柄Best5

（※株価情報は、2020年7月13日時点のものです）

本書の3章と4章でご紹介した、株式投資において重要なことやテクニックを活用したトレードについて、ここからはコメント付きで特別に紹介します。まずはチャートを見て基本となる目印がどこで発生しているのかを復習もかねて見つけてみてください。

これらの銘柄は、僕も実際によく取引しているお気に入りの銘柄です。時価総額の高い株を中心としているので、もちろん実践でも使えるものばかりです。ここで練習をして、運用能力を高めてください！

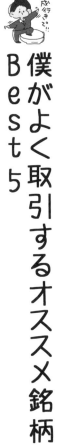

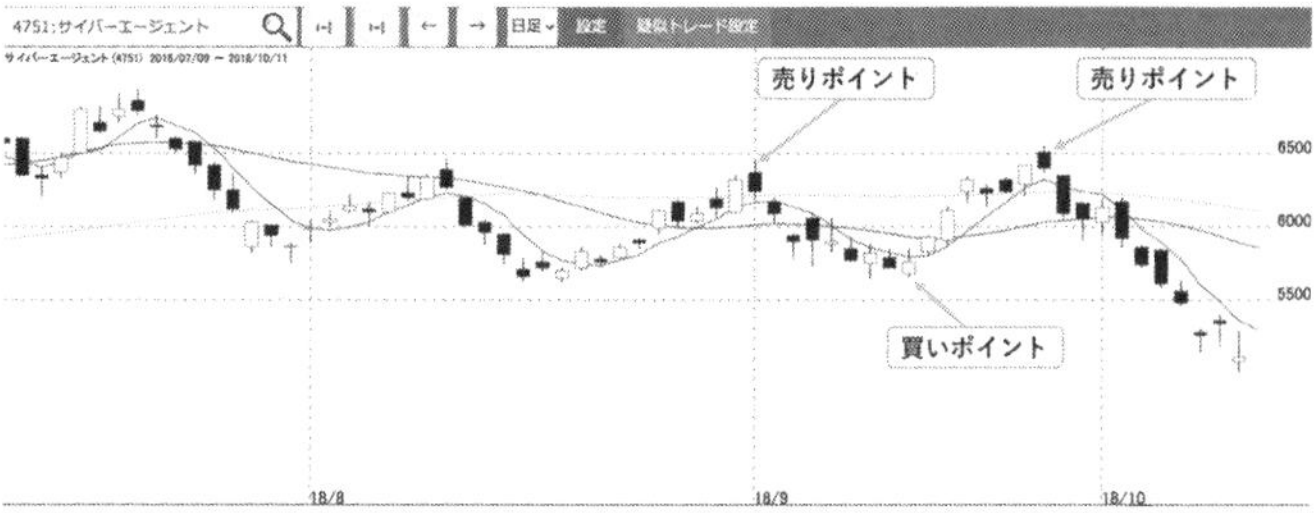

①サイバーエージェント

〈DATA〉
市場：東証一部
コード：4751
株価：5960円
時価総額：7535億円
期間：2018年8月1日〜2018年10月11日

「きれいな横ばい局面を捉えよう！」

僕が実際にトレードしたポイントです。横ばい局面では、新値更新・前の高値や安値といった基本となる目印の条件が揃いやすい。さらに、横ばいの後の上昇か下落が取れてしまいます！1日の株価の変動率が大きいのも特徴の一つです。

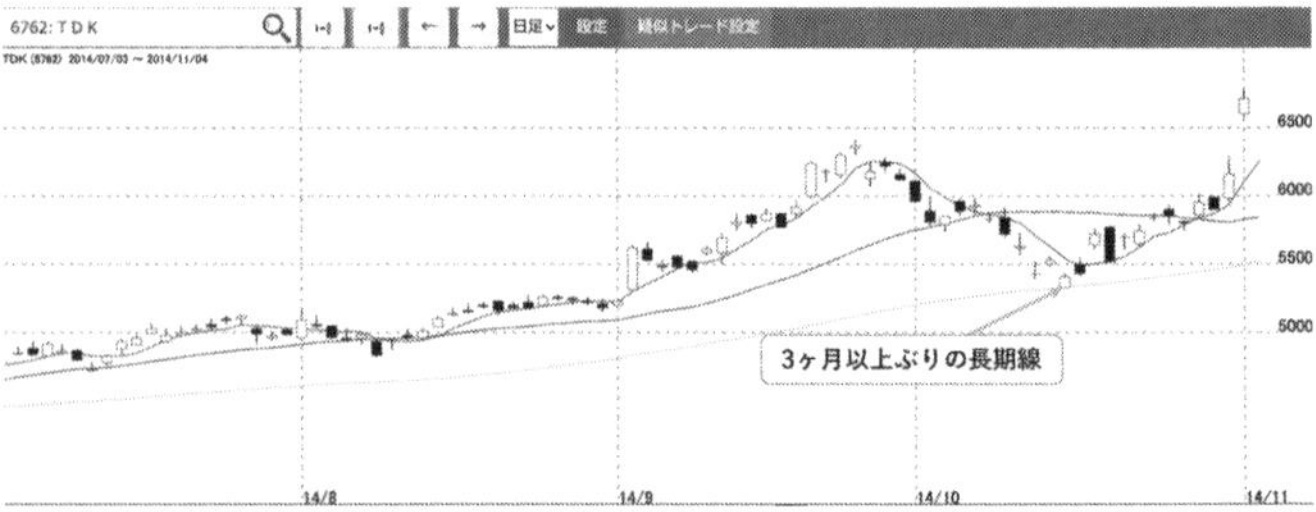

② TDK

〈DATA〉
市場：東証一部
コード：6762
株価：10860円
時価総額：1兆4073億円
期間：2014年7月1日～2014年11月1日

「新値更新5日の法則が当てはまりやすい」

上下の変動が大きいのが特徴で、比較的きれいなチャートをしています。上昇局面を発見したら株価が新値更新5日で下がってきたポイントの買いを狙いたいところです。中期線や長期線で株価が反発しやすいので、移動平均線折り返しの技もよく使えます。

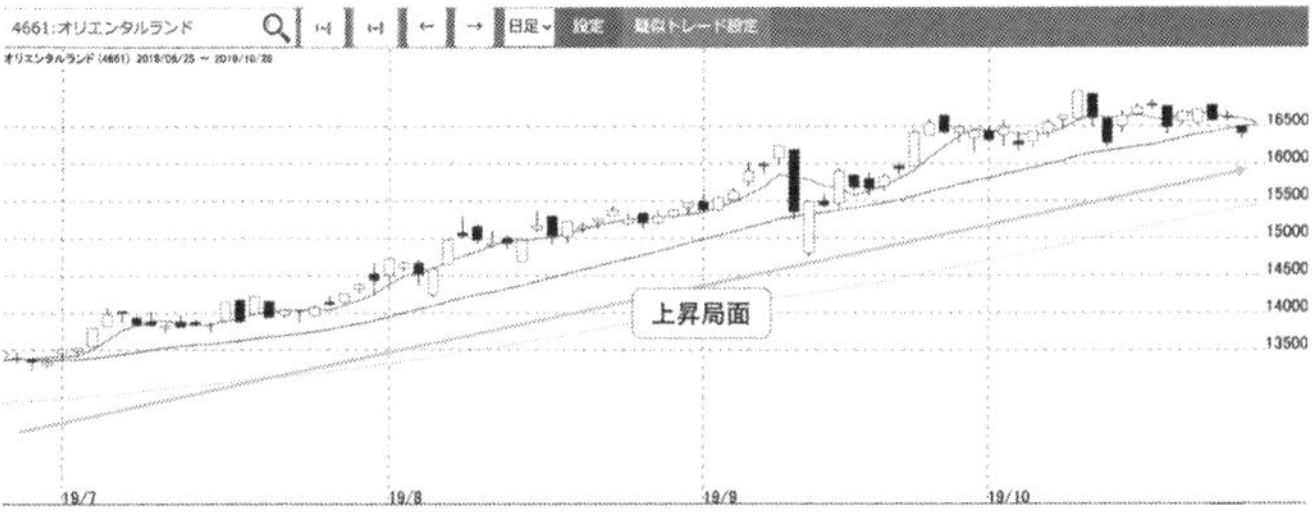

③オリエンタルランド

〈DATA〉
市場：東証一部
コード：4661
株価：10860円
時価総額：5兆0916億円
期間：2019年6月1日～2019年11月1日

「株主に大人気！」

優待制度を活用してディズニーのパークを割安で利用したいという株主が多くいます。株価は買う人が多いと上がるので、中期線や長期線での反発を狙いつつ、安いところで買えた上手な人は下から上まで利益を取っていけるようになります。

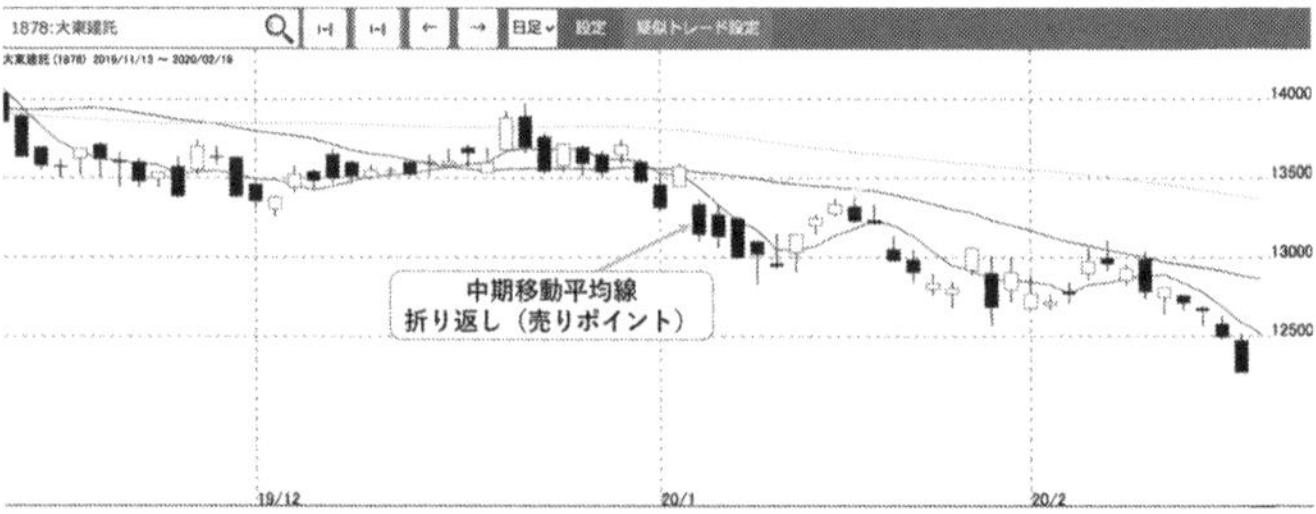

④大東建託

〈DATA〉
市場：東証一部
コード：1878
株価：9987円
時価総額：6882億円
期間：2019年9月1日〜2020年2月1日

「売りを狙いやすいトレンド」

横ばい局面が3ヶ月以上続いた後に、短期線が中期線の下にもぐりそこで中期移動平均線折り返しが発生すると割と勝ちやすい。日中の株価の変動は比較的おだやかであるので利益をコツコツ出していける銘柄です。ことというチャンスが来るまで「待て」をできるかが重要になってきます。

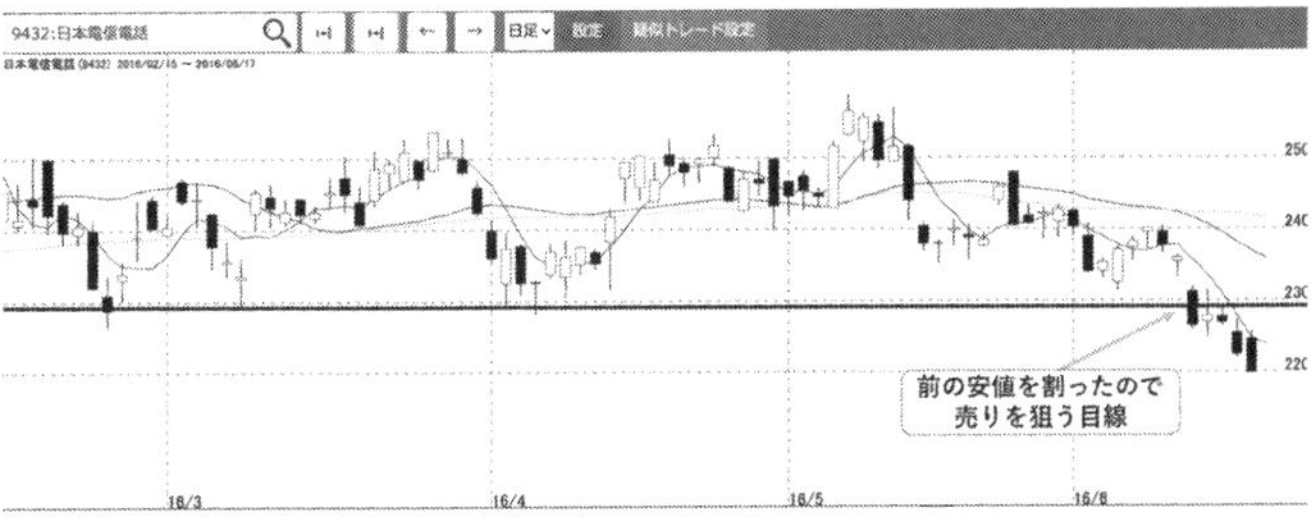

⑤NTT

〈DATA〉
市場：東証一部
コード：9432
株価：2543円
時価総額：9兆9216億円
期間：2016年3月1日～2016年6月20日

「安定していて初心者向きです！」

時価総額がとても高く安定している企業であり、チャートもきれいで初心者の練習台としてはぴったりの銘柄です。節目（キリのいい株価）にも反応しやすいので、前の高値や安値に対して株価が止まるか抜けるかをチェックしながら運用していくのがポイントです。

本当に役に立った有名な投資格言 10選

【5月に株を売れ＝Sell in May】

日本には「5月に株を売れ」という格言がある一方で、欧米には「Sell in May」という格言があります。これらはいずれも言葉こそ違うものの、言っていることは同じです。

つまり、洋の東西を問わず株式市場には同じ傾向が見られるということで、それが異なる言葉や文化でありながら同じ意味の格言となっています。

【相場は明日もある】

株価は刻一刻と変動しているため、チャンスと思えるような展開になると今すぐ買いたいという心理が働きます。しかし、もしそれがチャンスだったとしても最後のチャンスではありません。
慌てて行動を起こすと失敗する可能性が高くなってしまうので、慌てず騒がず自分の戦略通りに行動しましょう。今日何も買えなかったとしても、明日買えば良いのです。

【他人を頼るべからず、自力を頼むべし】

株式投資は、すべての投資判断を自分で行うものです。他人任せにして勝てるほど甘いものではないので、他人を頼ることはやめましょう。
株関連のニュースサイトなどにはたくさんの「他人の意見」がありますが、それが正しいかどうかは誰にも分かりません。そもそも儲け話を人にわざわざ教えてくれる人はいないので、投資判断は自分でやるのが最も安全で確実なのです。

【売るべし 買うべし 休むべし】

株は買ったり売ったりすることで利益を狙う投資です。そのため常に何か注文を出し、売買をしていないと儲からないという考えから売買ありきで注文を出してしまう投資家もいます。

しかし、投資は売ったり買ったりするだけでなく休むことも重要です。自分の得意パターンに持ち込めないのに強引に注文を出すと負けるのが関の山なので、そんな時は積極的に休みましょう。同様の意味を持つ格言に、「休むも相場」があります。

【人の行く裏に道あり 花の山】

大化け銘柄は、誰も注目していない低位株から生まれることが大半です。つまり出来高が少なく低位に甘んじているような銘柄にこそお宝が埋もれているとい意味の格言です。

人と同じことをしていても儲からない、儲けを狙うのであれば人の行く道の裏に注目せよという教えです。

【もうはまだなり まだはもうなり】

相場の変動には節目があって、天井や底があるのはご存知の通りです。しかしそれは後になってから断言できることで、リアルタイムの値動きでは「もう底」と思っていても実はまだ深い底があるかも知れません。逆に「まだ深い底がある」と思っていたら、もう反転してしまったということもあるでしょう。

まさに、「もう」は「まだ」であり、「まだ」は「もう」なのです。決めつけてしまうことなく柔軟に相場と向き合いましょうという意味の格言です。

【売り買いは腹八分】

人間の欲というものは実に厄介で、少し儲けが出ると「もっと儲けたい」と思うものです。その欲に引っ張られたばかりに本来取れていた儲けを逃すようなこともしばしばです。

「頭と尻尾はくれてやれ」という格言も同様の教えを説いていますが、何事も腹八分で納得せよということを説いています。欲張りすぎるとろくなことがないというのは、株の世界以外にも言えることです。

【銘柄貧乏】

器用貧乏という言葉があります。これは新しいことに興味を持って片っ端から始めるものの、どれも中途半端になってしまうという意味です。株の世界の「銘柄貧乏」もこれと似ていて、新しい銘柄や話題になっている銘柄に興味を持ち投資をするものの、そこにあまり根拠や戦略はないので結局は失敗してしまうという意味の格言です。投資はあくまでも自分の土俵でするものです。よく分からない分野や銘柄に「興味がある」というだけで投資をするのはやめましょう。

【節分天井の彼岸底】

節分は立春で新しい年の始まり、お彼岸は春分の日で昼と夜の長さが同じで、ともに昔から季節の上で重要視され、米相場などで格言として使われてきたようです。

株式市場では、節分のある二月に天井をつけ、三月後半のお彼岸の時期には一年を通してみると底になっているケースが多いとされています。

【分からぬときは休め】

買うべし、売るべし、休むべしという格言もあります。

相場は買うだけではだめで、利食いや投げなどの売りも適切にできないと儲かりませんし、同時に休むことも大切であるという教えです。

とくに、相場環境が不透明で分からない時は無理をしないで休みなさいと説いています。

下手な考え休むに似たり、という言葉に近いものです。

なかでも、相場の保合い局面は判断が難しいので、どちらかに方向感がはっきりするまで休むのがいいと教えています。

よくある質問集

Q　いくらから投資を始められるでしょうか？

A　銘柄にもよりますが、50万円以上の自己資金があればスタートできます。

Q　パソコンの操作が苦手なのですが、問題ありませんか？

A　問題ありません、実際の売買はスマホで簡単な作業になります。
ただし、ある程度は習得が必要です。

Q　株は難しいイメージがあります。
未経験ですがトレードできるようになりますか？

A　未経験の方でもチャートの形で判断していくので分かりやすいです。難しい専門用語や分厚い参考書も読まずにトレードできるようになります。

Q　50代ですが投資を始めるにあたって遅くありませんか？

A　60代以降でもできて定年後も長くやれます。

Q　サラリーマンなので株を取引できる時間帯に多く時間を割くことができません。それでも大丈夫でしょうか？

A　大丈夫です。トレードは1日数分でトイレ休憩の合間にできてしまいます。チャートに張り付くこともありませんので、決して本業を阻害しないです。

Q　空売りは怖いと聞きますが…

A　僕らからすると空売りをやらない方がリスクだと考えています。空売りができるようになると下がった相場でも利益を取っていけるので、株価が上がっても下がっても怖くありません。

Q　おすすめの証券会社はどこですか？

A　推奨は楽天証券とＳＢＩ証券です。

・楽天証券

https://www.rakuten-sec.co.jp/

・ＳＢＩ証券

https://www.sbisec.co.jp/

おわりに

この本を最後まで読んでいただきありがとうございました。いかがでしたでしょうか？少しでも参考になったと思っていただけたら幸いです。

ここで一番重要なのが、明日から何をするかということです。

人生が終わりに近づいたとき、自分が最も後悔することは何だと思いますか？

義務を果たせなかったことでしょうか？

夢を追いかけなかったことでしょうか？

死ぬ前に人がもっとも後悔することは、「理想の自己」として生きることができなかった後悔と言われています。

つまり、間違いをおかしたことや、挑戦して失敗することよりも、本当になりたかった自分になれなかったことが、最も心を悩ませ、後悔するということです。人は、長期的に見たときに、したことよりも、しなかったことに対してより大きな後悔を感じています。

何らかの行動をとって失敗すると、一時的には大きな後悔を感じますが、すぐに立ち直って「人生の学び」として消化することができます。間違いをおかさない完璧な人などいませんよね？誤った行動をとっても人はそれほど苦悩せずに軌道修正が簡単にできるからです。つまり、失敗はやり直せるが、やらない後悔は軌道修正できないということです。ご存じのとおり、いつまでも心につきまとい悩ませるのは、行動をとらなかったこと、挑戦しなかったこと。たとえばあなたは、批判されることを恐れて、書きためた小説を発表してこなかったかもしれません。あるいは、勇気がなくて想いを寄せていた人に告白できず、その人の人生に関わることができなかったのかもしれません。多くの人が目標に向かって一歩踏み出すことをせず、チャンスが訪れるのをひたすら待っています。残念ながらチャンスは向こうからそう簡単に訪れません。待つ必要などないのです。チャンスがやって来ないというのはただの言い訳です。いつまでも心につきまとう後悔をしたくないなら、解決策は明らか！

そう、可能なかぎり行動してください。

死が迫ったときに「ああすればよかった、こうすればよかった」と後悔しないために、今日から行動をおこしてみてください！人生の扉が開いてどんどん見える世界が変わっていきますから。


僕たちは過去を変えることはできませんが、未来の自分を変えることはできます。失敗の挑戦の連続の中でも、最高の仲間に出会えることも、最高のパートナーに会えることもあります。最高の景色も見ることができます。その一方で、涙する夜もあれば、挫折や後悔をすることもあります。新しい挑戦には周りからの否定的な意見がつきものですが、大丈夫です。その結果は間も無く過去になって風化して、僕たちは過去を乗り越えることができます。失敗はその瞬間に立ち止まってしまうから失敗なのであって、その失敗を受け入れて改善してまた挑戦をして行動すれば未来の方から自分に成功のヒントをたくさんくれるのです。そのチャンスを掴んだら決して離さずに、行動をし続けることができれば人生は必ず向上していきます。成功するまで継続することができれば過去の失敗が必要であったことを知るでしょう。つまり、失敗などこの世にありません。だから、失敗を恐れずに挑戦してください。

本書を手に取って下さったあなたが株式投資を始めて、人生を大きく変えていくきっかけを僕が作れたのであればこれ以上嬉しいことはありません。

もし、株式投資のことで分からないことや悩むことがあればいつでも僕に連絡を下さい。僕で良ければ精一杯サポートさせてもらいます。

最後までお読みいただきましてありがとうございました。

いつかあなたとお会いできる日を楽しみにしています。

2020年8月

林　僚

【読者限定のプレミアム特典】

本書をご購入頂いた方限定の
特別なプレゼントをご用意しました。

こちらより
ダウンロードできます。

http://landing.fukugyou-academy.com/toilet-trader/

（図書館等の貸し出しでは、特典利用はできません。特典の提供は予告なく終了することがあります。予めご了承ください。）

【特典内容】

特典① 株式投資のセミナーにご招待

書籍では紹介しきれなかった情報や魅力をたっぷりお伝えします！

特典② 対談動画
けいくん（億トレーダー）×
林　僚（副業アカデミー認定講師）

年収２億円の現役トレーダーとの特別対談

——初めての方が成功するための方程式）

特典③ 本番の前に
まずはデモトレードで訓練！
（ストックシミュレーション）

株式投資トレーニングツールを期間限定プレゼント

こんな方はぜひ特典をご活用ください！

○会社のお給料とは別に、収入がほしい！
○老後資金、昇給見送り、減給、解雇などの将来不安がある。
○株で失敗する前にしっかりと勉強をしておきたい！

※本特典の提供は、株式会社レベクリ（副業アカデミー）が実施します。販売書店、取扱図書館とは関係ございません。お問い合わせは info@fukugyou-academy.com までお願いいたします。

【著者】
林　僚（はやし・りょう）
１９９１年、東京都江東区に生まれる。
元々は年収３４０万円の平凡なサラリーマンだったが「給料の他にも収入源が欲しい」という思いから行動を開始し、株式投資と出会い人生が変わる。２０１８年７月に自己資金５０万円からトレードを開始し、資産を１年で６倍にすることに成功。２０２０年には月間収益１００万円を突破。現在は副業アカデミーにて株式投資の認定講師を務め再現性の高いトレード法を全国の皆さんに伝えている。

【監修者】
小林昌裕（こばやし・まさひろ）
「収入の柱を増やし、人生を選べるようになる」を理念とする副業アカデミー代表。２６歳の時に副業をスタートし、５年後の２０１４年に年間収益１億円を突破しサラリーマンを卒業。現在は日本初の副業の専門学校「副業アカデミー」の運営をしながら、さまざまな大学・企業・団体での講演などを通じて、あらゆる人の収入の柱を増やすために幅広い活動をしている。
著書に『年収３５０万円のサラリーマンから年収１億円になった小林さんのお金の増やし方』(SB クリエイティブ)、『ふがいない僕が年下の億万長者から教わった「勇気」と「お金」の法則』(朝日新聞出版)、『サラリーマン副業２.０～人生が好転する「新しい稼ぎ方」～』(PHP 研究所) がある。

問い合わせ info@fukugyou-academy.com

トイレ休憩《きゅうけい》で株《かぶ》してたら月収《げっしゅう》50万円《まんえん》になった件《けん》

2020年8月17日　初版発行

著者　林　僚
監修者　小林昌裕
発行者　常塚嘉明
発行所　株式会社 ぱる出版

〒160-0011　東京都新宿区若葉1-9-16
03(3353)2835－代表　03(3353)2826－FAX
03(3353)3679－編集
振替　東京　00100-3-131586
印刷・製本　中央精版印刷(株)

ISBN978-4-8272-1239-6　C0033